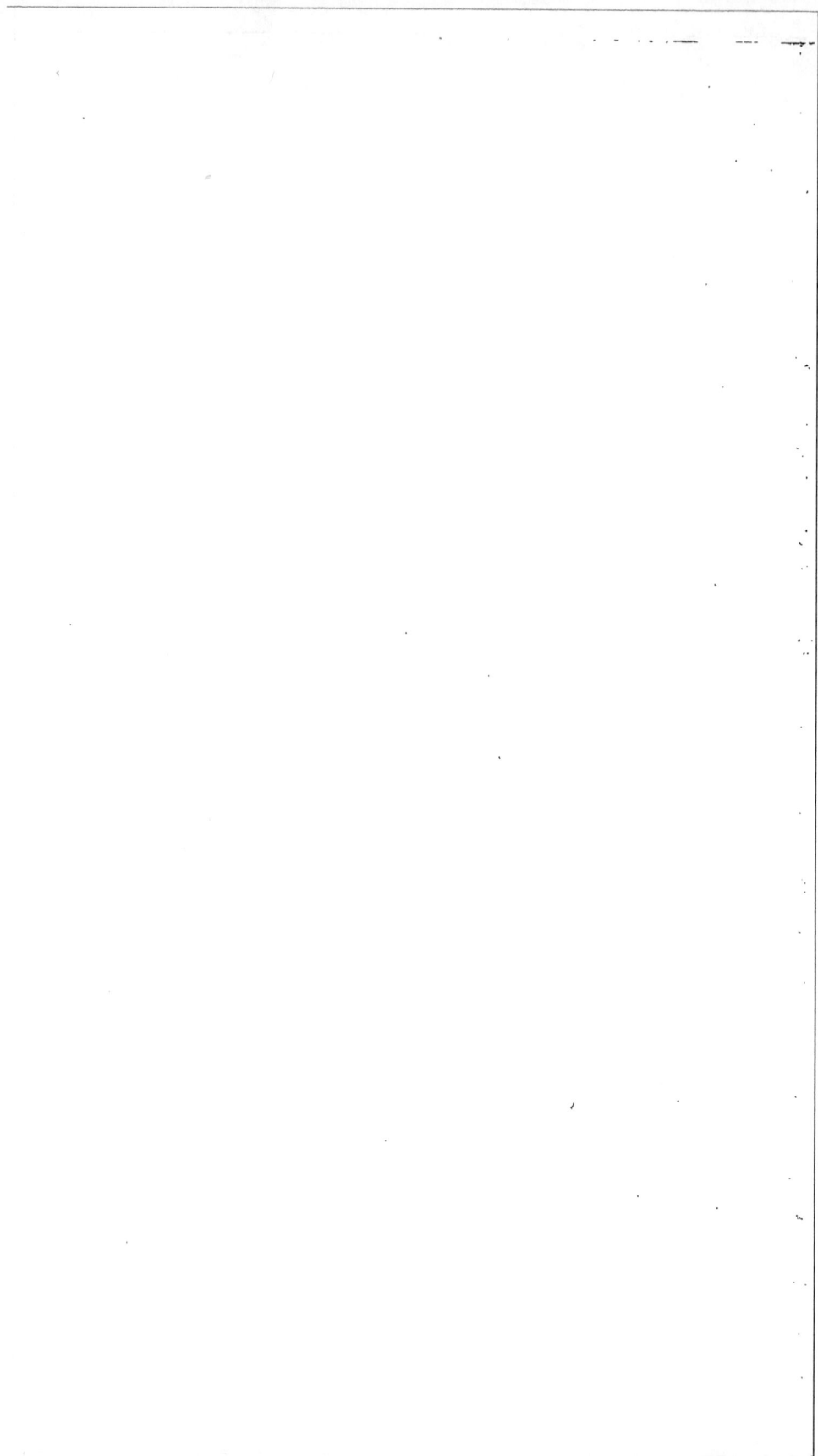

BIBLIOTHEQUE

CHRÉTIENNE ET MORALE

APPROUVÉE

PAR Mgr L'ÉVÊQUE DE LIMOGES

IN-8 3e SÉRIE

Tout exemplaire qui ne sera pas revêtu de notre
grifle sera réputé contrefait et poursuivi conformément aux lois.

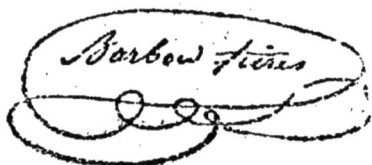

Barbou frères

UN LIEUTENANT DU GRAND CONDÉ

Un lieutenant du grand Condé.

UN LIEUTENANT

DU

GRAND CONDÉ

PAR

BELLARMIN.

LIMOGES

BARBOU FRÈRES, IMPRIMEURS-LIBRAIRES.

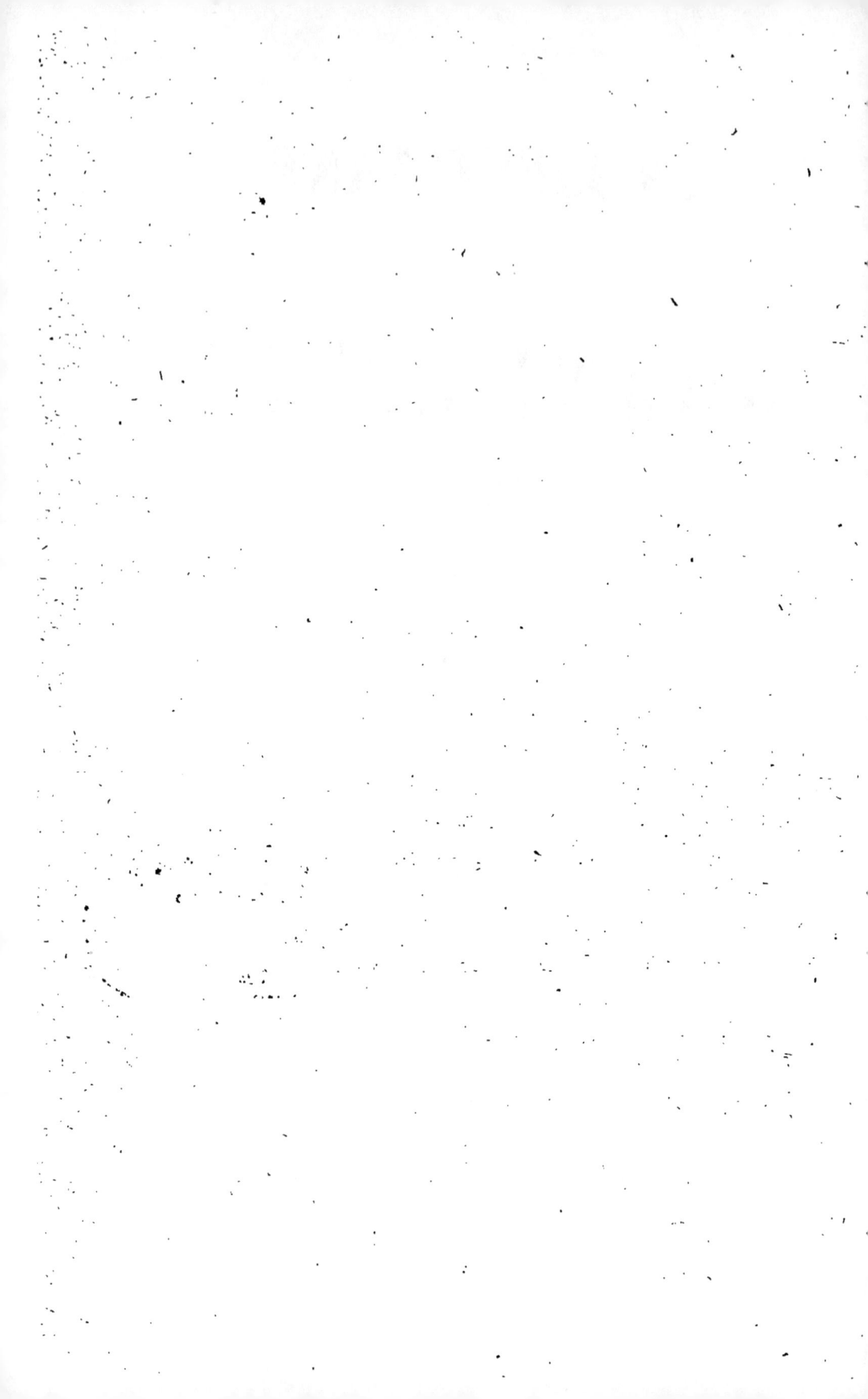

1

François Henri de Montmorency, comte de Boutteville, naquit à Paris le 8 janvier 1628 , environ six
mois après la mort de son père. Il fut élevé au château
de Precy, situé sur la rivière d'Oise, à dix lieues de
Paris. Madame de Boutteville sa mère, Isabelle-Angé-
lique de Vienne, qui à la plus haute vertu joignit
beaucoup de courage, s'occupa uniquement de l'édu-
cation d'un fils que ses malheurs lui rendaient encore
plus cher et plus intéressant. Le jeune comte, qui
avait reçu de la nature un esprit vif et pénétrant, une
âme sensible et avide de gloire, répondit avec succès
aux soins de madame de Boutteville.

1..

Le mérite naissant du comte frappa Charlotte Marguerite de Montmorency, princesse de Condé. Cette dame qui, assise auprès du trône, avait éprouvé tout ce que l'infortune a de plus accablant, donnait encore des larmes au suffrage déplorable qui lui avait enlevé en moins de cinq ans les chefs de sa maison. La destinée du comte de Boutteville, orphelin avant de naître, dépouillé de tous ses biens, excitait dans son âme l'intérêt le plus tendre ; elle porta sur son enfance les mêmes inquiétudes que la comtesse. Mais elle ne se fut pas plus tôt aperçue que son jeune parent promettait de soutenir dignement son nom, qu'elle l'adopta en quelque sorte, et le produisit à la cour avec l'éclat qui convenait à la première princesse du sang, et à la maison de Montmorency.

Toute la France retentissait alors des victoires du prince de Condé, qui, à l'âge de vingt-cinq ans, avait fourni une carrière dont il n'y a point d'exemple dans l'histoire. Ce héros, portant du comte de Boutteville le même jugement que la princesse sa mère, voulut le former seul au grand art de la guerre : il se hâta de l'emmener, en qualité d'aide-de-camp, en Catalogne. La campagne fut pénible et laborieuse : le prince échoua devant Lérida ; mais les lauriers qu'il avait moissonnés dans les plaines de Rocroi, de Fribourg et de Nortlinge, le consolèrent de l'unique disgrâce qu'il eût encore éprouvée depuis qu'il commandait les armées.

Cette expédition malheureuse fut utile au comte de Boutteville. Son tempérament jusqu'alors faible et délicat se fortifia : avantage inestimable pour un guerrier.

Il se montra d ailleurs si intrépide et désireux d'apprendre; ses dispositions pour la guerre parurent si rares, ses sentiments si nobles, que le prince de Condé, ravi de trouver en son parent le germe des qualités qui l'élevaient si fort lui-même au-dessus des autres hommes, conçut pour lui une estime égale à l'amitié dont il l'honorait. Le jeune Boutteville répondit aux bontés du prince par un attachement invariable; il fut toute sa vie son compagnon d'armes et de fortune; il lui sacrifia tout jusqu'à son devoir.

Les leçons d'un grand homme valent l'expérience, et produisent souvent des effets plus frappants. Condé, que la cour avait chargé de la conduite de la guerre en Flandre, eut lieu de s'en convaincre : il reçut de son aide-de-camp des services qu'il n'eût peut-être pas été en droit d'attendre d'un vieil officier-général. Après avoir conquis Ypres à la vue d'une armée supérieure, commandée par l'archiduc Léopold, arrêté dans ses progrès par la disette d'argent, de vivres et de munitions, il se vit forcé, à son tour, d'être le spectateur de la perte de la ville de Courtrai, de Furnes et du château d'Esterre. Cet état était violent pour un prince peu accoutumé aux revers. Quelque danger qu'il y eût à hasarder une bataille, dans un temps où la France, épuisée par une longue guerre étrangère, était encore menacée d'une guerre civile, celle de la Fronde, il s'ébranla pour marcher au secours de Lens, que l'archiduc assiégeait; mais il apprit sur sa route que Lens venait de capituler. Il ne pouvait alors qu'empêcher l'ennemi de pénétrer.

en Picardie : il choisit un camp avantageux pour arrêter ses progrès.

L'archiduc, encouragé par ses succès et par la supériorité de ses forces, brûlant du désir de se mesurer avec Condé, marche vers les Français. Le prince de Condé, pour augmenter la confiance téméraire de l'ennemi, feignit de craindre un engagement général; il se retira avec une apparence de précipitation et de désordre, qui acheva de tromper l'archiduc. Ce prince, pour ne pas laisser échapper la victoire, presse la marche de son armée ; mais tout-à-coup Condé, attentif à tous ses mouvements, arrête la sienne et présente aux Espagnols un front redoutable. La cavalerie se mêle ; et, après un combat furieux et sanglant, Condé enfonce celle de l'archiduc. Le comte de Boutteville, qui avait signalé sa valeur au siége d'Ypres, fit dans cette mémorable journée des actions de tête et de courage admirables. Comme il allait porter les ordres de Condé, il aperçut un escadron qui se préparait à charger en flanc celui où le prince combattait. Frémissant du danger qui menaçait son général, il prend une partie de la compagnie des gendarmes du roi, prévient l'escadron espagnol, le charge, et le rompt avec autant d'adresse que de vigueur. Condé, sans s'amuser à poursuivre la cavalerie ennemie, fondit sur l'infanterie, dont il fit un horrible carnage. Jamais les Français ne remportèrent une victoire plus complète : l'artillerie, les bagages, presque tous les étendards et les drapeaux des vaincus tombèrent au pouvoir du prince.

Au retour de cette glorieuse campagne, Condé pré-

senta son aide-de-camp à la reine mère, en le comblant
d'éloges dictés par la reconnaissance. Anne d'Autriche fit délivrer sur-le-champ un brevet de maréchal-
de-camp au comte, quoiqu'il n'eût pas plus de vingt
ans. Cette distinction, unique à un âge aussi tendre,
toucha sensiblement Boutteville, qui s'appliqua de plus
en plus à mériter les bienfaits de la cour.

L'estime de la reine-mère, l'amitié du prince de
Condé, l'homme le plus puissant de la nation, une
réputation naissante, l'intérêt attaché à un grand nom
malheureux, tout annonçait au comte une élévation
rapide. Il aurait, sans doute, rétabli bientôt la splen-
deur et la fortune de sa maison, sans la guerre civile
qui éclata alors dans ce royaume. Le comte y fut
malheureusement engagé, non par ambition, mais par
amitié pour Condé, dont il suivit la destinée jusqu'au
bout avec une constance digne d'une meilleure cause.
Au reste, on le plaignit plus qu'on ne le blâma : tout
ce qu'il y avait de plus illustre en France, Turenne
lui-même se rangea sous les étendards d'un prince à
qui l'antiquité, qui souvent se méprenait dans les
objets de son culte, eût dressé des autels comme au
Dieu de la guerre. Cependant le malheur particulier
du comte de Boutteville fut dans la suite avantageux
à la France : il acquit chez les ennemis une telle
expérience de la guerre et des combats, que depuis
il ne cessa de vaincre pour la gloire et pour le salut
de sa patrie.

Nous n'entrerons point dans le détail des événements qui marquèrent la guerre de la Fronde. Nous
dirons seulement que Condé, d'abord emprisonné, puis

au pouvoir, enfin rebelle, s'unit aux Espagnols contre sa patrie, et que Boutteville, après de grands actes de courage, alla le rejoindre, malgré les offres les plus séduisantes du cardinal Mazarin.

L'attachement que lui témoignait Boutteville, qui d'ailleurs lui amenait en Flandre, du fond de la Bourgogne, l'élite de ses troupes sur lesquelles il ne comptait plus, touchèrent l'âme de Condé, devenu plus sensible à mesure qu'il était plus malheureux. Il reçut le comte avec des larmes de joie et de tendresse, et le nomma général de sa cavalerie, en lui promettant de partager toujours avec lui sa fortune.

Condé ouvrit la campagne par le siége d'Arras. Turenne, qui ouvrit alors le siége de Stenai, lui opposa un puissant secours sous les ordres du maréchal de Schulemberg, et bientôt vint lui-même. Comme il tenait investie l'armée espagnole, pour lui couper les vivres, Condé chargea Boutteville d'aller prendre un convoi immense de vivres et de munitions qu'on avait préparé à Saint-Omer. L'entreprise paraissait impraticable: comment sortir d'un camp assiégé par trois armées avec un gros détachement, et y rentrer à leurs yeux suivi d'un convoi aussi considérable? Néanmoins il sort des lignes avec deux mille chevaux, et les conduisit à Saint-Omer sans perdre un seul homme. Mais ce n'était rien en comparaison de ce qui lui restait à faire: le retour paraissait d'autant plus difficile, que les Français, honteux de s'être laissés surprendre, jetèrent toute leur cavalerie sur le chemin de Saint-Omer à Arras, pour intercepter le convoi.

Boutteville, feignant de marcher, tantôt par un chemin, tantôt par un autre, sut tellement les amuser qu'il leur échappa. Il conduisit son convoi jusqu'aux lignes avec cette rapidité d'exécution qui caractérise toutes les actions de sa vie. Pendant que les Espagnols le recevaient avec des applaudissements incroyables, Boutteville repoussait les Français, qui enfin avaient atteint son arrière-garde.

En peu de jours Arras fut réduit aux dernières extrémités ; pour le sauver, les généraux français furent enfin obligés de hasarder un combat dont ils n'avaient jusque-là envisagé les suites qu'en frémissant. On sait quel fut le succès de cette fameuse journée ; l'armée espagnole était déjà en déroute, l'archiduc de Fuensaldagne avaient fui jusqu'à Douai, que le prince de Condé ne désespérait pas encore de la victoire ; les Français attachés à sa fortune, au nombre de sept ou huit mille, combattirent avec une valeur incroyable ; Condé les sauva avec les débris de l'armée espagnole par une retraite admirable. Le comte de Boutteville commandait l'arrière garde ; si Condé eût trouvé autant de ressources dans les généraux espagnols que dans Boutteville, les Français n'auraient peut-être pas gagné une victoire qui leur donna la supériorité le reste de la guerre.

La campagne suivante ne fut pas plus heureuse.

Les villes de Condé, de Saint-Guilain et de Maubeuge, qui n'avaient pas de pareils défenseurs, tombèrent en peu de temps au pouvoir des Français. Condé était sensible à des revers auxquels il n'était pas accoutumé ; son indignation était d'autant plus amère qu'il était forcé par les Espagnols à une défensive qui les ruinait. Fuensaldagne, qui ne lui obéissait qu'à regret, ne cherchait qu'à enchaîner son génie et sa valeur ; l'archiduc, jaloux de sa réputation, le contrariait sans cesse. Condé trouva enfin le moyen de faire parvenir ses plaintes au trône ; il présenta à Philippe IV que l'on ne devait attribuer la perte des deux dernières campagnes qu'à l'inexpérience et à l'opiniâtreté de l'archiduc et de Fuensaldagne, et qu'il devait trembler pour les Pays-Bas, s'il ne prenait d'autres mesures que par le passé. Philippe était si persuadé qu'il ne devait qu'à Condé le salut de ces florissantes provinces, qu'il ne balança pas à lui donner la satisfaction la plus éclatante. L'archiduc Léopold, l'un des plus malheureux guerriers de ce siècle, fut renvoyé à Vienne ; Fuensaldagne passa à Milan, et on leur substitua don Juan d'Autriche, qui s'était rendu célèbre par des victoires et le marquis de Caracene.

Cependant Turenne assiége Valenciennes. Condé vient le secourir. Boutteville fait des prodiges de valeur ; et la France eût fait de graves pertes sans la timidité et l'irrésolution des généraux espagnols, qui retardaient la marche des événements.

A la fin de la campagne, le comte de Boutteville alla établir, au milieu de grands périls, en quartier d'hiver sur le Jaar, quatre mille hommes de troupes françaises attachés au prince de Condé.

La campagne de 1657 fut d'abord très-heureuse pour les Espagnols. Don Juan investit Saint Guilain avec environ douze mille hommes. Le comte de

Boutteville, voyant à la place un côté faible, forma le dessein de s'en rendre maître par un coup de main. Il envoie prier le prince de Condé de le soutenir; ses dispositions faites, il attaque les dehors de la ville avec une telle vigueur qu'il en chasse l'ennemi; de là, poursuivant la victoire, il se jette dans le chemin couvert et s'en rend maître. La vue du renfort que Condé lui envoyait acheva de porter la terreur dans les troupes de la garnison. Le brave Scomberg, pour ne pas être emporté d'assaut, se vit réduit à battre la chamade, et à rendre une place qui ne coûta ainsi qu'un jour de siége.

Le Vicomte de Turenne, devenu seul général en chef des troupes françaises, assiégeait Cambrai. Condé, qui ne s'y attendait pas, accourt à son secours. Il marche vers les lignes des Français, qui n'étaient pas entièrement achevées. Le comte de Boutteville y entra le premier, chargeant et renversant tout ce qui s'opposait à son passage. Mais il s'engagea si avant dans la mêlée qu'il fut enveloppé par trois cavaliers, dont il se débarrassa avec autant de courage que de bonheur. Il en tua un d'un coup de pistolet; un gentilhomme le défit du second et le troisième s'enfuit. A l'instant même il fut joint par son détachement, qu'il conduisit jusqu'aux portes de la ville, que le gouverneur, dans la crainte d'une surprise, eut beaucoup de peine à ouvrir. Condé et le prince de Tarente entrèrent dans Cambrai avec le même bonheur. Cette action si brillante sauva Cambrai, dont Turenne eut la douleur de lever le siége. Mais il répara bientôt cette disgrâce en protégeant celui de Montmédi, qui fut emporté.

Turenne, qui voulait attaquer Saint-Venant, avait chargé le baron de Cyron d'amener d'Arras les bagages et les trésors de l'armée. Boutteville l'apprend et marche vers cette ville; puis, feignant de se retirer vers Aixe, il laisse l'officier français s'approcher de Lillers.

Dès qu'il eut appris que Cyron était parti d'Arras, il se mit en route avec une telle rapidité qu'il atteignit l'escorte aux portes de Lillers, et la défit. Le trésor tomba entre les mains du vainqueur avec les drapeaux et les étendards. Ses cavaliers se débandèrent ensuite pour mettre le feu aux bagages qu'ils ne pouvaient emporter.

Cependant les fuyards avaient porté l'alarme jusqu'au camp français, déjà tous les piquets de l'armée étaient accourus pour repousser Boutteville. Turenne s'avança lui-même jusqu'à Lillers, dans le dessein de l'envelopper; mais Boutteville, quoique environné de toute la cavalerie française, fit sa retraite avec tant d'ordre et d'audace, qu'il ne fut pas possible de l'entamer.

Néanmoins Saint-Venant fut pris, Dunkerque et plusieurs autres places tombèrent au pouvoir des Français. C'est à Dunkerque que Boutteville fut pris et échangé contre le maréchal d'Aumont. Les succès de Turenne étaient dus surtout aux fautes de don Juan d'Autriche, qui, après d'impardonnables lenteurs, étaient devenu téméraire,

Las enfin de lutter depuis vingt-cinq ans contre une

puissance qui armait insensiblement la moitié de l'Europe contre lui, le roi d'Espagne consentit au mariage de sa fille, l'infante Marie Thérèse, avec Louis XIV ; la naissance de trois fils qu'il avait eus en peu de temps paraissait éloigner pour long temps la princesse de la succession à une couronne dont sa postérité est aujourd'hui en possession.

L'année suivante s'écoula presque entière en négociations, qui finirent par un traité de paix

II

Condé, le duc d'Enghien et Boutteville rentrèrent ensemble en France au commencement de l'année 1660 ; ils la traversèrent dans toute son étendue, pour aller trouver le roi qui séjournait en Provence. Dans une si longue route, Condé, honteux et humilié d'avoir porté les armes contre sa patrie, se refusa à tous les honneurs que les villes voulaient lui rendre. Mazarin le présenta au roi ; il fit ensuite le même honneur au comte de Boutteville. Ce prince les assura, d'un ton plein de clémence et de bonté qu'il avait tout oublié et pardonné. Boutteville, touché de la générosité du roi, ne chercha plus le reste de sa vie qu'à expier une faute dont l'amitié avait été le principe : son épée ne sera plus teinte désormais que du sang des ennemis de la France.

Il est si vrai qu'il n'avait été emporté si loin de son devoir que par le sentiment de la reconnaissance, que le roi d'Espagne lui ayant envoyé soixante mille écus, comme une faible récompense des services importants qu'il avait rendus, il les refusa avec une noble fierté : *Je n'ai jamais entendu,* dit-il, *être au service de l'Espagne, et je ne recevrai jamais de bienfaits que de la main de mon roi.* Le comte n'était pourtant pas riche, et il avait devant les yeux l'exemple de tous les gens de qualité du même parti, qui acceptèrent sans scrupule le présent que leur avait destiné le roi d'Espagne. Bientôt sa position s'améliora pour son mariage avec Mlle de Luxembourg. La duchesse sa mère et Charles-Henri de Clermont-Tonnerre son beau-père, qui avait pris, en se mariant, le nom et les armes de Luxembourg, firent donation du duché de Piney, de la principauté de Tingry, du comté de Ligny, et généralement de tous leurs biens à leur fille unique et à leur gendre, à condition qu'il joindrait au nom et armes de Montmorency ceux de Luxembourg.

Il faut avouer que le comte de Boutteville ne pouvait faire guère d'alliance plus illustre : son épouse descendait, du côté maternel, d'une maison qui a donné cinq empereurs à l'Allemagne, des rois à la Hongrie et à la Bohême, des reines à tous les trônes de l'Europe, quinze souverains aux duchés de Luxembourg

et de Limbourg, et plusieurs connétables de France.
Du côté paternel, elle était issue de la maison de
Clermont-Tonnerre, qui a produit une reine d'Aragon,
une reine de Naples, et qui, par son ancienneté
et son illustration, ne le cède qu'aux maisons sou-
veraines.

Au titre de duc de Piney était attaché la dignité de
Pair de France.

Le duc de Luxembourg passa les années qui s'é-
coulèrent depuis le traité des Pyrénées jusqu'à l'invasion de la Flandre à Paris ou à Ligny, en Barrois. Il
n'en sortait que pour faire sa cour au roi, qui, par la
sagesse de son administration, s'était acquis dans le
royaume une autorité bien supérieure à celle de ses
prédécesseurs. Le même feu de génie, des inclinations
à peu près semblables et un goût aussi vif pour les
sciences et les arts, n'avaient fait que resserrer les
liens qui l'attachaient au grand Condé et au duc
d'Enghien son fils ; et, malgré l'espèce de disgrâce où
la guissait le premier de ces princes, dont la soumission et le respect n'avaient pas encore tout-à-fait
expié les écarts aux yeux d'une nation idolâtre de son
maître, il passait presque tous les jours de sa vie
avec lui. Mais ces devoirs, qu'il regardait comme
sacrés, ne l'empêchaient pas de se livrer aux amuse-
ments de la cour, devenue, sous le plus poli et le plus
magnifique des rois, le théâtre des fêtes les plus
brillantes, l'asile des arts et du goût. A l'exemple du
maître, les courtisans étaient sensibles, et le duc de
Luxembourg fut très-éloigné toute sa vie de se piquer
de singularité sur cet article.

Louis XIV, après s'être rendu le modèle des rois par son application aux travaux du gouvernement, voulut les surpasser tous par la gloire des armes ; et c'est dans la vue d'étendre son empire, et d'immor·taliser son nom par des conquêtes, qu'il saisit avec empressement l'occasion de recommencer la guerre contre l'Espagne, qui respirait à peine des coups mortels qu'elle avait essuyés huit ans auparavant. Philippe IV était mort, laissant à son fils Charles II, encore au berceau, un vaste empire, mais épuisé et gouverné sans génie et sans expérience. Louis XIV revendiquait, sur le jeune roi son beau-frère, les Pays-Bas et la Franche-Comté. Il appuyait ses pré-tentions sur une loi du Brabant, qui appelle à la succession des pères les enfants du premier lit, et même les filles, préférablement aux fils des autres lits ; et, en conséquence de ce droit, il soutenait que cette brillante partie de la succession de Philippe IV était dévolue à la reine son épouse, le seul enfant qui restât du premier mariage de Philippe avec Elisabeth de France. Il s'en fallait bien que l'Espagne et l'Eu-rope convinssent de la légitimité des droits de Louis XIV ; mais la première, denuée de troupes et d'argent, n'opposait que des manifestes ; et la seconde n'offrait que des vœux contre la puissance formidable du monarque français.

Une armée de soixante mille hommes de vieilles et excellentes troupes, animée par la présence du roi, s'avança dans les Pays-Bas. Condé, qui souhaitait ardemment réparer ses anciens égarements par la conquête d'un pays qui lui seul avait empêché de tomber sous le pouvoir des Français, eut la douleur de voir son zèle et sa valeur enchaînés. Turenne, son rival, lui fut préféré. Luxembourg, qui avait suivi la destinée du prince, se trouva enveloppé dans cette disgrâce, la plus grande qu'un homme de son caractère eût à redouter ; il n'eût aucun commandement. Mais ne pouvant soutenir l'idée de n'avoir point de part à cette campagne, il se détermina à suivre le roi, en qualité de simple volontaire. Il se trouva au siége de Tournay, de Douai, d'Oudenarde et de Lille. Ce zèle, si rare dans un homme qui avait commandé des armées et gagné des combats, fut très-agréable au roi. Bientôt ce prince démêla en lui tant de talents pour la guerre et de si grandes connaissances, qu'il en parla au vicomte de Turenne, comme d'un homme dont la capacité le suprenait. Jamais la belle âme de Turenne n'était plus flattée que lorsqu'il s'agissait de rendre justice au mérite et à la vertu. Loin donc d'affaiblir la haute idée que le roi avait conçue de l'élève et de l'ami du prince de Condé, il l'augmenta par le récit fidèle de toutes les actions qui avaient rendu le nom de Boutteville si illustre dans la dernière guerre. Sur le témoignage d'un si grand homme, appuyé de la voix publique, le roi ne songea plus qu'à employer d'une manière éclatante un homme qui devait lui gagner tant de batailles.

Pour comble de bonheur, le zèle et les talents du duc de Luxembourg firent sur l'esprit du marquis de Louvois une impression aussi vive que sur celui du roi. Ce ministre, qui était alors très-jeune, se lia par l'amitié la plus étroite avec le duc.

Dès le commencement de l'année suivante, le roi lui déclara qu'il avait jeté les yeux sur le prince de Condé et sur lui pour le seconder dans la conquête de la Franche-Comté. Cette entreprise était un mystère pour la France et pour l'Europe. Luxembourg n'eut pas plus tôt reçu les ordres de la cour, qu'il partit seul de Saint-Germain-en-Laye, en répandant sur sa route le bruit qu'il allait passer quelques temps à Ligny, en Barrois. Mais la nuit même de son arrivée, il en sortit en poste pour aller se mettre à la tête d'un corps de troupes, avec lequel il pénétra en Franche-Comté, pendant que le prince de Condé y entrait, d'un autre côté, avec un corps plus nombreux.

Ce projet, conçu et exécuté par Condé, eut un succès encore plus rapide que la conquête de la Flandre. Luxembourg, en deux jours, emporta Salins, l'une des plus fortes places de la province, avec tous les forts qui l'environnaient ; puis il investi Dole. Condé, déjà maître de Besançon, se rendit au camp ; et le roi lui-même, malgré la rigueur de la saison, vint prendre le commandement général de l'armée. Dole ne tint que quatre jours de tranchée ouverte ; la ville de Grey subit le même sort ; et le comté de Bourgogne, quoique défendu par des places très-fortes, fut soumis, au milieu de l'hiver, et en moins de quinze jours.

En retournant en France, le roi confia le commandement général de l'armée à Luxembourg, qui entra dans la province dont il portait le nom et

2

dans le duché de Lymbourg, qu'il soumit à de grandes contributions. Mais bientôt, sur l'instance des Espagnols, la paix fut conclue à Aix-la-Chapelle, et Louis XIV rendit la Franche-Comté ; mais il garda les conquêtes qu'il avait faites dans les Pays-Bas.

Louis XIV, très-mécontent de la Hollande, lui déclara la guerre de concert avec l'Angleterre et quelques autres puissances secondaires. Il nomma le prince de Condé et le vicomte de Turenne pour commander les armées sous ses ordres ; mais il y avait encore une place éminente à remplir, place briguée par une foule de généraux très-estimés, tels que le maréchal de Créqui, le maréchal d'Humières, le comte de Schomberg, le duc de Duras; c'était le commandement de l'armée des alliés. Quoique Luxembourg n'eût fait aucune démarche pour l'emporter sur tant de prétendants, le roi, prévenu en sa faveur de la plus haute estime, jeta les yeux sur lui : son choix n'avait pas encore été rendu public, qu'il reçut des lettres de l'électeur de Cologne et des évêques de Munster et de Strasbourg qui, sur la seule réputation de ce guerrier, le demandaient pour général ; le roi parut très-flatté d'avoir prévenu les désirs de ses alliés.

Dès le mois de janvier Luxembourg partit pour la Westphalie, tant pour mettre la dernière main aux traités avec les princes allemands, que pour préparer la campagne ; le roi l'avait encore chargé de prendre une connaissance exacte des affaires de

l'Allemagne, des forces et des frontières de la Hollande.

Luxembourg n'eut pas plus tôt entretenu les
princes alliés sur les opérations de la guerre, qu'il
leur donna de sa capacité une idée supérieure à
celle qu'ils s'en étaient formées ; chacun d'eux se
hâta d'écrire séparément au roi, pour le remercier
de s'être privé en sa faveur d'un homme tel que le
duc de Luxembourg, en même temps, ils lui confé-
rèrent le titre de *feldtmaréchal*.

Mais il s'en fallait bien que le duc prît des alliés la
même opinion qu'ils avaient conçu de lui : il s'était
attendu à trouver chez eux des projets fixes et cer-
tains, des troupes bien disciplinées, des magasins
remplis de munitions de guerre et de bouche, de l'ordre, de la fermeté et de l'union ; mais bientôt il ne
reconnut en eux que beaucoup d'ambition, d'incerti-
tude et d'impéritie.

Luxembourg remplit avec beaucoup de zèle et
d'activité les ordres de son maitre ; il employa plus
de six semaines à visiter les principaux postes de cette
province, qui est d'un accès difficile ; il en reconnut
avec soin la situation, et, aidé de ce coup-d'œil juste
et précis d'un grand général, il prit du pays des connaissances profondes et certaines, d'après lesquelles
il forma un plan de campagne qui fixait le théâtre de
la guerre dans les états de l'électeur de Brandebourg.
Ce plan, adopté par la cour de France, et admiré
des alliés, dissipa leurs alarmes. L'estime, l'amitié,
la confiance succédèrent à l'inquiétude et aux soupçons, l'intimité devint même si grande entre les

évèques de Munster, de Strasbourg et le général français, qu'ils ne s'appelaient plus que du doux nom de frères.

Cependant le duc profitait du temps et du zèle qu'il avait inspiré, pour remplir les magasins de vivres et de munitions et pour discipliner les troupes ; il jugea à propos d'appeler de France des officiers d'une valeur et d'une habileté reconnue, pour le seconder dans des soins aussi importants.

Déjà les armées françaises, qui comptaient cent vingt mille hommes, étaient en mouvement; et Condé, qui en commandait quarante mille, approchait pour faire la conquête de Wesel, et de toutes les forteresses que les Hollandais avaient sur le Rhin. Luxembourg, qui avait tout réparé pour le succès de cette entreprise, marcha à la rencontre du prince, avec les troupes de Munster, et investit Wesel, du côté de la Hollande. Il partit ensuite de devant Wesel, pour arrêter l'ennemi, qui s'efforçait de jeter des secours dans la place par le moyen de plusieurs frégates armées. A l'approche de Luxembourg, les Hollandais s'enfuirent, et, le 4 juin, Condé s'empara de Wesal, dont la garnison de quatre mille hommes demeura prisonnière de guerre.

C'était là l'instant que Louis XIV avait marqué à ses alliés pour entrer en campagne. La première place que Luxembaurg attaqua fut Lokem, qu'il réduisit en vingt-quatre heures; il n'eut qu'à se présenter devant Lingben, Enschecde, Otmarsen, Oldengéel, Amelo, Goor, Delden, pour s'en emparer. Toutes ces places avaient autre fois soutenu des siéges, et avaient été prises et reprises dans les guerres des Hollandais avec les Espagnols ; mais les états-généraux, pour ne point affaiblir leurs forces, en avaient abandonné la défense aux habitants, qui ne jugèrent pas à propos de résister. Luxembourg, de son côté, n'y établit point de garnison, pour ne pas diminuer son armée, destinée à la conquête de l'Over-Issel.

Après ces expéditions, Luxembourg marcha à Grool ; et ce fut sous les murs de cette ville que les princes alliés vinrent le joindre.

Grool, l'une des plus fortes places des Provinces-Unies, passait pour le rempart de la république contre l'Allemagne. Luxembourg l'attaqua avec tant de vigueur, d'intelligence et de bonheur, que la ville se rendit après trois jours de siége. Cette conquête répandit une telle terreur dans l'Over-Issel, que les villes de Borkulo et de Brévoort ouvrirent leurs portes, sans oser soutenir une seule attaque. Rien ne contribua plus au succès de Luxembourg que les sentiments des Over-Isséliens en faveur de Louis XIV. Ce prince, qui, au milieu des combats et des révolutions dont elle avait été le théâtre pendant près d'un siècle, avait conservé la religion catholique, ne respirait que la domination française,

Cependant Luxembourg avait jeté un pont sur l'Issel, pour pénétrer dans le Velaor, et assiéger Deventer, capital de la province.

Deventer, belle et riche ville, se rendit à discrétion, après quatre jours de siége. De Devanter, les

2.

vainqueurs marchèrent à Zwol, ville d'une médiocre étendue, mais très-forte, dont la garnison capitula après quatre jours de tranchée ouverte. Cette prise fut suivie de celles de Campen, de Hasselt, Steenvich, de Haltem, d'Elbourg, d'Andrevick, d'Ommen, et du fort d'Ommerscham. C'est ainsi que l'Over-Issel entier fut conquis en un mois, et partagé entre l'électeur de Cologne et l'évêque de Munster. La Frise allait subir le même sort, lorsque sur la demande des alliés, Louis XIV retira le commandement à Luxembourg, et lui confia la défense de ses conquêtes en Hollande. Mais ils eurent bientôt lieu de s'en repentir : dès ce moment ils n'éprouvèrent que des revers.

III

Cep .idant **Luxembourg** s'était rendu à Utrecht auprès du roi, dont il fut reçu avec de grandes marques d'estime et de distinction.

Louis XIV était alors au comble de la gloire, ses juccès avaient surpassé ses espérances et surpris toute l'Europe : en moins de six semaines, il avait subjugué, par ses mains où celles de ses généraux, quarante places fortes, conquis trois provinces entières, et pris plus de quarante mille hommes. Mais, ébloui par l'éclat de la prospérité, il refusa la paix à la Hollande, ou plutôt il ne voulut l'accorder qu'à des conditions qui auraient anéanti la puissance de cette république. Cette faute, la plus grande de toutes, fut suivie de plusieurs autres; il rejeta les conseils de Condé et de Turenne, qui, éclairés par une longue expérience, l'exhortaient à raser les fortifications de la plupart des villes conquises, afin de conserver une armée capable d'en imposer à tous les potentats qui oseraient embrasser la défense des vaincus. Les conseils du marquis de Louvois, qui opina pour la conservation de toutes les conquêtes, furent préférés, On dispersa donc la moitié de l'armée dans les places hollandaises : cette conduite imprudente, jointe à la perte de vingt mille soldats tués, morts de maladies ou déserteurs, diminua tellement l'armée que, de cent vingt mille hommes que le roi avait menés en Hollande, il n'en restait pas au mois de juillet, quarante mille en état de tenir la campagne.

Pendant que le roi se privait ainsi des moyens de poursuivre la victoire, la présomption et le mépris pour l'étranger, qui ont toujours été si funestes aux Français, rétablissaient les armées des états-généraux : on relâcha trente mille soldats prisonniers pour soixante mille écus.

Malgré toutes ces fautes, la consternation était à son comble dans le reste des Provinces-Unies. Amsterdam même fut sur le point d'ouvrir ses portes, et ce ne fut pas sans peine que le parti des citoyens zélés pour la liberté prévalut. Pour se maintenir il fallut sacrifier le pays : on coupa les digues ; la moitié de la province fut ensevelie sous les eaux. Ce sacrifice ruineux sauva la république. Dès-lors ils obtinrent quelques avantages, ils se défendirent dans le

continent avec beaucoup de gloire et de succès
contre l'électeur de Cologne et l'évêque de Munster,
et sur mer contre les Anglais et les Français. La
flotte des Indes apporta des trésors immenses, que la
république répandit en Allemagne, pour susciter des
ennemis à Louis XIV. Mais le principal instrument
du salut et de la liberté de la Hollande fut un jeune
prince qui, à une fermeté invincible joignait un génie
supérieur : c'était le célèbre prince d'Orange. Appelé
au commandement général par les malheurs de sa
patrie, après avoir tenté inutilement de défendre les
bords de la Meuse, du Rhin et de l'Issel, il s'était ré-
fugié dans le camp inaccessible de Bodegrave, pour
couvrir les misérables restes d'une république deux
mois auparavant si florissante. C'est de ce camp qu'il
écrivait à toutes les têtes couronnées de l'Europe, pour
les soulever contre la France :

« Si vous abandonnez, disait-il à l'empereur, dont
il cherchait surtout à irriter la jalousie contre
Louis XIV, la Hollande à la discrétion d'un prince
si ambitieux, c'en est fait de la puissance de votre
auguste maison et de la liberté publique. Les Pays-
Bas tomberont nécessairement sous son pouvoir :
maître alors du haut et du bas Rhin, il forcera les
électeurs à l'élire lui ou son fils roi des Romains. Il
n'y a qu'un moyen de prévenir l'esclavage dont l'Europe est menacée, c'est d'armer sur-le-champ l'empire, et de tomber sur l'Alsace dégarnie de troupes.
Il lâchera sa proie pour voler à la défense de ses
États ; et bientôt réunis tous contre lui seul, nous

l'obligerons à une paix qui assurera l'indépendance de la république chrétienne. »

La politique et les raisons du stathouder, appuyées des trésors que la république prodigua, firent sur l'esprit de l'empereur, du roi de Danemarck et de la plupart des princes germaniques toute l'impression qu'il pouvait désirer. Le roi d'Espagne, comme le plus intéressé dans cette fameuse querelle, commença par lui envoyer l'élite de ses officiers et de ses troupes. L'électeur de Brandebourg marcha lui-même à son secours, avec une armée de vingt-cinq mille hommes. Enfin, délivré par le crime du peuple, et peut-être par ses intrigues secrètes, des deux frères de Vitt, le prince d'Orange, jouissant d'une autorité presque absolue, ne s'occupa plus que des moyens d'affranchir sa patrie de la servitude dont elle était menacée.

Telle était la situation des affaires, lorsque le roi, trop impatient de jouir de ses triomphes, retourna en France avec sa cour et sa maison militaire. Avant de partir, il disposa du gouvernement des provinces conquises en faveur des généraux en qui il avait le plus de confiance. Turenne fut nommé à celui de Gueldres, et Luxembourg à celui d'Utrecht : cet emploi était brillant et glorieux, mais difficile à remplir.

Le duc de Luxembourg n'avait sous ses ordres que vingt-quatre mille hommes, dont les deux tiers étaient dispersés dans les diverses places de la province. Le roi, à son départ, persuadé qu'il ne pourrait jamais garder tant de villes avec une poignée de soldats, l'avait laissé le maitre d'évacuer celles qu'il jugerait à propos, en lui recommandant seulement la conservation d'Utrecht.

Cette ville, en ouvrant ses portes au roi, avait obtenu de n'être point chargée d'une garnison ; mais Luxembourg, ayant reconnu que le prince d'Orange y entretenait de secrètes liaisons, et ne pouvait confier le salut de cette place à la fidélité douteuse de ses citoyens, y fit entrer huit bataillons. Il campa avec le reste de son armée réduite à quatre bataillons et cinq mille hommes de cavalerie aux portes de la ville, tant pour contenir vingt mille habitants armés, que pour empêcher le prince d'Orange d'entreprendre le siége.

Il n'avait pu rassembler les troupes dont on vient de parler, qu'en évacuant plusieurs places. Le prince d'Orange ne manqua pas de s'en saisir et de les fortifier, ainsi que tous les châteaux qui sont entre Amsterdam, Leyée et Utrecht.

Son dessein était de resserrer les Français, et surtout de les empêcer de lever des contributions jusqu'aux portes d'Amsterdam, en attendant que les circonstances lui fournissent l'occasion d'assiéger Utrecht, et de les chasser de la province. Luxembourg, de son côté, persuadé que le seul moyen d'entretenir la confiance de ses troupes, et de diminuer celle de l'ennemi, était d'agir, s'embarque sur des bateaux plats avec trois mille hommes, et vogue à travers l'inondation au château de Croanembourg, défendu par une garnison considérable. A son approche, un régiment de cavalerie s'enfuit, le duc attaqua

le château qu'il prit avec cinq cents hommes. Les châteaux de Loënen, Jaarsevelt et plusieurs autres eurent
le même sort. Toutes les garnisons tombèrent entre
les mains du duc, qui fit environ douze cents prisonniers dans cette course.

Pendant qu'il portait la terreur jusque dans le fond
de la Hollande, il apprit qu'il y avait eu quelques
soulèvements à Utrecht et dans les autres villes, à
cause des taxes que l'intendant de l'armée imposait
sans cesse sur la province, et que quelques citoyens
avaient formé le complot de livrer la ville et la garnison française au prince d'Orange. Cette nouvelle le
ramena promptement à Utrecht, dont il désarma les
habitants. Cependant le prince d'Orange se mettait
en mouvement. Luxembourg ne comptait que six
mille hommes sous les drapeaux ; et il n'avait nuls
secours à espérer parce que l'électeur de Brandebourg occupait avec vingt-cinq mille hommes les
meilleures troupes de France, que le vicomte de
Turenne venait de retirer de la Hollande, pour marcher à sa rencontre.

Le prince d'Orange se croyait si sûr de vaincre
qu'il négligea de mettre garnison dans Voerden,
dont la situation bloquait en quelque sorte Amsterdam.

Luxembourg alors reçut six bataillons à l'aide desquels il conquit Voerden, puis alla porter la terreur
et le ravage dans tous les bourgs, les villages et les
châteaux des environs d'Amsterdam et de Leyde, où
il fit un butin immense.

On ne saurait croire quel fut le chagrin du prince

d'Orange, d'avoir perdu, par une aveugle confiance, la ville de Voerden, dont la garnison devint le fléau d'Amsterdam. Il voulut réparer sa faute par quelques faits éclatants, mais il fut toujours prévenu par le duc.

Enfin, à l'aide d'un brouillard épais, il échappa à la vigilance de Luxembourg, qui n'apprit que le lendemain matin que Voerden était investi par les Hollandais. Cette ville n'avait, pour toute fortification, qu'une muraille ; elle pouvait être insultée et emportée d'emblée. Déjà le comte de la Marck faisait du haut de la tour les signaux dont il était convenu avec Luxembourg pour lui annoncer le danger qui le menaçait.

Le duc aussitôt se mit en marche. Dès qu'il fut arrivé au village d'Harmelen, son premier soin fut de faire allumer un fanal au haut du clocher, afin d'avertir le comte de la Marck du secours. Cependant le marquis de Genlis qu'il attendait avec un renfort ne paraissait point. Après l'avoir attendu en vain pendant plus de six heures, Luxembourg, craignant que chaque instant fût le dernier de Voerden, poursuit sa route sur la chaussée, qui d'un côté était resserrée par un canal large et profond, et de l'autre par l'inondation. Il parvient, à l'entrée de la nuit, au pont du village Kameriok, que l'ennemi avait oublié de rompre.

À l'aspect de la poignée de soldats qui le suivaient, les habitants du village le prirent pour un officier général espagnol qui allait renforcer l'armée du

prince d'Orange. Dans cette idée, ils se jettent à
genoux, et le conjurent de ne faire aucun quartier aux Français assiégés dans Voerden. Cette mé-
prise, dont il ne put s'empêcher de rire, en lui dé-
couvrant les sentiments des Hollandais, ne fit que
le confirmer dans le désir extrême qu'il avait de les
humilier.

Arrivé à la portée de l'artillerie ennemie, il s'arrêta encore pour attendre le marqui sde Genlis. Pendant ce temps-là, quoiqu'il comprit parfaitement la
situation du pays, il envoya un espion qui bientôt
vint lui dire les obstacles étonnants que le prince
d'Orange avait su lui opposer en moins de vingt-
quatre heures.

Son armée était partagée en trois corps, qui for-
maient autant de quartiers devant la ville. Le premier était aux ordres du stadhouder ; le second était
commandé par le comte de Hornes ; le troisième, qui
seul paraissait accessible, avait été confié à Frédéric
de Nassau-Zuylestein, le plus brave officier de la
république.

Zuylestein avait pourvu à la défense de son quartier en habile général ; il était campé avec environ
huit mille hommes à la tête de la chaussée, sur laquelle
il avait élevé deux forts derrière cinq retranchements,
dans les fossés desquels il avait fait entrer l'eau
du canal. Ces forts, bien palissadés, étaient garnis de
plusieurs batteries de canon qui enfilaient la chaussée ; devant le fort de la droite, était un moulin,
qu'il remplit de grenadiers ; à gauche, il y avait une
grande maison qu'il fit percer, afin que les troupes

qu'il y posa prissent, au moment de l'assaut, les
Français en flanc. Dans cette situation , Zuylestein
défiait le général français, et ne souhaitait rien tant
que d'en être attaqué, pour le faire repentir de son
audace.

Le rapport de l'espion ne changea rien au projet de
Luxembourg : il laissa le marquis de Boufflers avec
son régiment de dragons vis-à-vis des retranchements
construits sur la digue du vieux Rhin. Il avait ordre
d'y faire une fausse attaque, au moment qu'il enten-
drait le bruit de l'artillerie, à l'assaut que lui-même
allait livrer aux Hollandais retranchés sur la digue
de Kamerick. Le reste des troupes était rangé sur
deux lignes, les Français à la première, les Suisses
à la seconde. Son plan d'attaque embrassait en même
temps le moulin, la maison, les forts et les retranchements.

Il était environ minuit, lorsqu'on entendit le signal
du combat. Luxembourg, qui était chargé de l'attaque
des forts à travers l'inondation, se jette le premier
dans l'eau. Les soldats le suivent, et fondent sur la
maison et le moulin avec une telle impétuosité qu'ils
l'emportent ; et de là marchent aux forts, et les atta-
quent avec la même vigueur ; Zuylestein les défendit
longtemps avec un courage héroïque ; mais, malgré
ses efforts et ses belles dispositions, les cinq retranchements et les deux forts furent emportés, après un
combat nocturne de six heures, le plus furieux de
cette guerre. Le carnage fut affreux: Zuylestein, percé
de dix-huit blessures, mourut les armes à la main,
sans vouloir de quartier.

IV

A la première nouvelle de la victoire des Français, le prince d'Orange et le comte de Hornes abandonnèrent précipitamment l'assaut qu'ils livraient à la place ; ils allèrent se réfugier dans le camp de Bodegrave, que les marais, les canaux et l'inondation rendaient inaccessible.

Les vaincus perdirent dans cette action six mille hommes qui furent tués ou noyés. La nombreuse artillerie qui défendait les forts et les retranchements tomba au pouvoir du vainqueur avec une grande partie des bagages du prince d'Orange. La victoire coûta aux français mille hommes.

Pour récompenser Luxembourg d'une si belle victoire, le roi le nomma capitaine des gardes-du-corps, charge qui était devenue, depuis que Louis XIV régnait par lui même, l'une des premières de l'État.

Cependant les maux de la Hollande augmentaient chaque jour. Il fut traité de la paix, mais on ne put s'entendre sur les conditions. Cependant Luxembourg se conduisait envers les vaincus avec une modération qui était loin de leur faire regretter la présence des troupes du prince d'Orange.

Comme l'inondation privait Luxembourg des fruits qu'il aurait pu espérer de la défaite du prince d'Orange et de la consternation des Hollandais; pour ne pas laisser la valeur des troupes oisive, il revint à son premier plan, qui était d'envoyer sans cesse des détachements dans les bateaux plats, tant pour enlever des postes, que pour lever les contributions jusqu'aux portes d'Amsterdam, de Leyde et de Delst. Les français ne revenaient jamais de ces expéditions, sans amener beaucoup de prisonnier et un butin considérable.

Le 14 novembre, Luxembourg apprend que le prince d'Orange, pour arrêter ses courses, avait jeté le régiment de Bampfield, composé de douze cents hommes, dans le fort de Hylestein. Ce fort était défendu par plusieurs enceintes de palissade, par un parapet de douze pieds de hauteur, par différentes batteries de canon et d'artillerie de trois frégates; il paraissait être hors d'insulte. Mais Luxembourg, qui avait accoutumé l'officier et le soldat à ne trouver rien d'impossible sous ses ordres, forme le dessein de l'enlever d'emblée. Il confie l'exécution de cette entreprise au comte de Sault, jeune colonel, qui s'était signalé au combat de Voerden. Telle était la supériorité des troupes françaises, qu'il ne donna au comte que sept cents hommes pour cette expédition. Le comte remplit les ordres de son général avec une audace incroyable ; il se jeta le premier dans un grand canal qu'il passa à la nage, et, malgré le feu des deux batteries et celui des trois frégates arrêtées dans le canal, il força l'ennemi, et mit le feu au fort et aux frégates, trois cents Hollandais périrent misérablement dans les flammes, autant furent tués, environ cent tombèrent entre les mains du vainqueur, à qui cet exploit valut le grade de brigadier.

Cette longue suite de malheurs, les murmures et les cris du peuple accablé de tous les maux de la guerre, loin de lasser la constance magnanime du prince d'Orange, ne faisaient qu'exciter son courage. Battu, repoussé partout, pouvant à peine défendre les misérables restes de sa patrie, il forme le hardi dessein de porter le flambeau de la guerre dans les Etats du roi de France : entreprise héroïque, et dont il n'y avait peut-être point d'exemple en Europe depuis Scipion et les Romains, qui, hors d'état de soutenir le poids de la guerre en Italie contre Annibal, osèrent la transporter en Afrique et jusqu'aux portes de Carthage. Le stadhouder concerta son projet en homme supérieur. Au premier bruit de sa marche, les princes allemands étaient convenus de faire une puissante diversion, le comte de Monterey, gouverneur des Pays Bas, devant se rendre auprès de lui avec son armée : enfin les pluces de la Flandre française, absolument dégarnies de troupes, ne laissaient au stadhouder que l'embarras du choix.

Après avoir jeté de fortes garnisons dans les villes de la Hollande les plus exposées aux armes des Français, et confié la garde des camps retranchés de Swmerdam et de Bodegrave au comte de Konismark et au colonel Moïse-Painvin avec chacun dix régiments, le stadhouder part le 10 décembre à la tête de vingt-cinq mille hommes, traverse la Hollande et le pays de Liége, pousse le duc de Duras, qui veillait à la sûreté de la frontière avec un camp volant, et vient fondre inopinément sur l'importante place de Charleroi, qui n'avait pour toute garnison qu'une seule compagnie d'infanterie. Mais elle fut sauvée par la hardiesse d'un officier qui parvint à se jeter dans la place avec un corps de troupes, sans avoir perdu un seul homme.

Depuis plus de six mois, le prince d'Orange avait travaillé avec des soins et une dépense incroyables à fermer toutes les avenues de la Hollande, pour mettre la capitale et les principales villes de cette riche province à l'abri d'une invasion. On était en hiver, il fallait une armée accoutumée à agir sur la glace ; ce genre de guerre était tout-à-fait inconnu aux Français. De quels obstacles ne triomphe pas le zèle ! Dès les premières gelées, le duc distribue des patins à ses soldats, et les exerce lui-même à marcher, à courir, à camper, garder les rangs, et à combattre sur la glace. Il ne les eut pas plutôt vu fermes et intrépides, qu'il les mena tour à tour en détachements; il entreprit même de forcer la ville de Goude. Mais le comte de

Konismark, qui était campé à Bodegrave avec un corps d'armée, renforça si à propos la garnison de cette place, que Luxembourg ne jugea pas à propos de l'attaquer.

Cependant les hollandais, attentifs à tous les mouvements d'un général si hardi et si entreprenant, employaient nuit et jour plus de cent mille paysans pour rompre la glace et détruire les nouveaux chemins que la saison présentait à son audace. Mais plus l'hiver avançait, plus le travail des paysans devenait inutile; il fallait plusieurs jours pour ruiner l'ouvrage d'une seule nuit. Malgré la patience incroyable des Hollandais, ils se virent obligés de renoncer à une entreprise aussi pénible que rebutante.

Le duc, qui voulait profiter de l'absence du prince d'Orange, allait sonder lui-même tous les jours la glace; enfin, voyant qu'il n'avait cessé de geler depuis le 21 décembre jusqu'au 25, il donne ordre à son armée de se tenir prête à partir; elle consistait en dix mille hommes d'infanterie, et deux mille de cavalerie et de dragons. Il assembla des principaux officiers, au nombre desquels étaient le comte de Sault, les marquis de Boufflers, de Gassion, de Moussy, de Sorches et de la Meilleraie, et il leur communiqua son projet.

« L'entreprise que je propose à votre courage, leur dit-il, peut paraître hardie et périlleuse; il s'agit d'emporter, l'épée à la main, trois camps également fortifiés par l'art et la nature. Mais les mesures que j'ai prises rendent le succès de cette entreprise aussi certain que décisif. Ces postes si vantés, si fortifiés

par leur tête, les ennemis ont absolument négligé de
les couvrir du côté de la Hollande. La glace, en nous
ouvrant des chemins jusqu'ici inaccessibles, nous met
à portée de les tourner, et de les forcer par l'endroit
le plus faible. Les villes de Leyde, de la Haie, de Delft,
enfin toute la Hollande, abandonnée par un prince d'O-
range, tombera en notre pouvoir. Nous en assurons la
conquête, en appelant les troupes françaises et muns-
tériennes, qui hivernent dans l'Over-Issel et la
Gueldre. Au reste, la victoire, en forçant les États-
Généraux à recevoir la paix, aux conditions que le roi
jugera à propos de leur accorder, nous couvrira d'une
gloire immortelle.

Il n'en fallait pas tant pour exciter tous ces officiers d'une valeur éprouvée à braver les plus affreux
périls. Le soldat, de son côté, n'eut pas plus tôt appris
qu'on le conduisait en Hollande, que l'espérance de
s'enrichir par le pillage du pays le plus opulent de
l'Europe le remplit de zèle, d'ardeur et de confiance.

Le lendemain 26, Luxembourg, après avoir encore
de nouveau fait sonder partout la glace, donna le signal du départ. Tel était l'ordre de sa petite armée :
le comte de Sault, les marquis de Boufflers et de Moussy
commandaient l'avant-garde, composée des dragons
et de deux bataillons, le corps de bataille obéissait à
MM. de Souche et de La Meilleraie ; l'arrière-garde,
où était la cavalerie, avait pour commandant le marquis de Gassion. Luxembourg, pour encourager les
troupes, se mit au premier corps de l'avant-garde.

Il n'y avait pas encore quatre heures que l'armée

3.

était en marche, qu'il tombe une neige fondue, qui embarrasse les chemins et les rend très-difficiles. Luxembourg, inquiet de cet accident, s'arrête, et envoie un capitaine de dragons avec sa compagnie, pour reconnaître et éprouver encore la force de la glace. Sur le rapport de cet officier qu'elle porte partout, le duc, persuadé qu'il n'y a pas un instant à perdre, poursuit sa route. Malgré l'horreur des ténèbres et le mauvais temps, l'armée marcha l'espace de deux lieues, à travers une campagne inondée et glacée; elle vint à bout de franchir heureusement un grand nombre de fossés et de canaux

Cependant la neige, devenue épaisse, tombait avec une telle abondance que le dégel devint général : la glace se fond et se brise sous les pieds des hommes et des chevaux. Le marquis de Gassion qui conduisait l'arrière-garde, et qui n'avait encore perdu Voerden de vue, se trouva heureux de pouvoir regagner cette place. L'avant garde arriva sur les sept heures du matin sur le bord d'un canal large et profond, qui l'arrêta pendant plus de deux heures, jusqu'à ce que Luxembourg eût fait construire un pont sur lequel il passa avec environ trois mille fantassins et dragons. Malgré les obstacles horribles qui naissaient à chaque pas, il continua de marcher, mais bientôt l'armée, divisée par une infinité de canaux dégelés, n'eut plus pour perspective qu'un vaste amas de glaçons rompus, flottant çà et là, d'eaux et de boue. Pour comble de malheur, les villages, que l'on se vit forcé de démolir, ne fournissaient pas assez de matériaux pour construire autant de ponts qu'il en aurait fallu pour réunir les différents corps de l'armée.

Dans cette situation, la plus terrible peut-être où général se soit jamais trouvé, le duc ne dut le salut de son armée qu'à son courage. Voyant qu'il lui était également impossible de se retirer à Utrecht, et de poursuivre sa route, il prit le parti d'attaquer sans artillerie, et avec une poignée de soldats, les troupes hollandaises dispersées dans les principaux postes qui couvraient Swmerdam et Bodegrave; il déclara d'un front serein au soldat inquiet et consterné, que c'était aux retranchements des ennemis qu'il le conduisait, et qu'il n'y avait d'espérance de salut que dans la victoire.

Quoiqu'épuisé par une marche de vingt-quatre heures au milieu des glaces et des boues, par la veille et les travaux de la nuit, les Français rappellent leur courage et leurs forces; ils arrivent enfin, sur les trois heures après midi, au pied de deux retranchements couverts de troupes et d'artillerie. Le duc les attaque l'épée à la main, et les emporte sans perdre un seul homme, par la lâcheté de l'ennemi qui s'enfuit après quelques décharges de mousqueterie. Les forts et les villages voisins furent aussi mal défendus, et on parvint bientôt à la vue de Swmerdan.

Swmerdan n'est qu'un bourg de la Hollande, mais aussi peuplé, plus riche et plus florissant que les villes de France du second ordre; on y comptait sept ou huit cents maisons, dont la plupart le disputaient en magnificence à celles d'Amsterdam et de la Haie. Les habitants, à l'approche des Français, avaient voulu s'enfuir, mais ils avaient été retenus par les troupes de Konismark, qui leur promirent avec serment de repousser l'ennemi.

Rien n'eût été plus facile, si leurs officiers n'eussent perdu la tête. En effet, Swmerdam était défendu par un canal large et profond, et entouré de retranchements, qu'il n'était pas possible de forcer sans artillerie.

Luxembourg partagea ses troupes en trois corps. Le marquis de Moussy, avec le premier, marcha à la droite du canal ; le comte de Sault à la gauche, et Luxembourg, avec le troisième, resta au milieu.

Après avoir attaqué et emporté un village, il trouve sur le canal un pont que les ennemis n'avaient rompu et brûlé qu'en partie ; il se hâte de faire jeter sur les débris du pont des planches et des claies, et de faire passer les grenadiers l'un après l'autre, à travers les décharges réitérées des Hollandais rangés en bataille sur l'autre bord du canal. L'audace des Français intimida tellement ceux-ci, qu'ils s'enfuirent et abandonnèrent les retranchements.

Pendant ce temps-là le marquis de Moussy passait le canal à la nage, et le comte de Sault sur un pont ; les troupes réunies entrèrent vers la nuit, l'épée à la main, dans Swmerdam.

Le duc, sans perdre un instant, se met en route vers Bodegrave, avec environ douze cents hommes. Après un léger combat, il se rendit maître de ce poste admirable. La terreur de son nom était telle que Kenismark, désespérant de défendre le camp retranché qui était devant cette ville, venait d'en sortir, pour couvrir Leyde, l une des plus belles villes de la Hollande

Tous ces succès étaient grands et rapides ; mais ils ne mettaient pas encore les Français à l'abri du sort le plus funeste. Il leur était toujours impossible de retourner à Utrecht par le chemin qu'ils avaient pris ; ils ne pouvaient se retirer que par Niwerburg et Wierrick. Mais comment emporter sans artillerie des forts imprenables ? Un dégel imprévu, qui sauva la Hollande, garantit aussi les Français d'un désastre inévitable. Le colonel Moïse Paynvin, à qui le prince d'Orange avait confié la défense de ce poste redoutable, s'enfuit à Gonde avec ses troupes.

A peine Luxembourg put-il ajouter foi à une nouvelle aussi inespérée. Il se hâta d'occuper la place ; en y entrant, il fut frappé d'admiration à la vue des fortifications. Le fort était environné d'un triple retranchement construit dans l'eau, palissadé de pieux d'une grosseur énorme. D'un côté était un fortin avec deux demi-bastions d'une régularité parfaite ; de l'autre, un rempart à l'épreuve de l'artillerie, avec un chemin couvert, palissadé et entouré d'un fossé profond. Cent hommes bien déterminés auraient pu défendre avec succès cette fameuse forteresse contre une armée de cent mille hommes. Le duc, sans perdre un instant, employa toutes les troupes à détruire ces ouvrages étonnants, qui avaient coûté aux Hollandais des sommes immenses. Une longue enceinte de forts, qui étaient construits entre Niwerbrug et Bodegrave eurent le même sort. Il fit mettre ensuite le feu à vingt gros navires chargés de marchandises, que les glaces tenaient arrêtés au milieu du canal de Swmerdam.

Pendant ce temps-là, les troupes restées à Swmerdam se livraient aux plus indignes excès envers la population. Après les crimes inouïs que couvraient les ténèbres, elles se rendirent à Bodegrave, auprès de leur général. Elles le trouvèrent occupé des moyens de pénétrer jusqu'à la Haie. L'approche du Prince d'Orange avec son armée, loin de modérer l'envie extrême qu'il avait de s'emparer de cette ville, était un nouveau motif qui l'y portait. Rien ne lui eût été plus agréable que d'entrer l'épée à la main dans la Haie, à la vue du stathouder, pour faire voir à toute la Hollande quel faible appui elle avait eu du prince. Mais la durée du dégel apporta un obstacle invincible à l'exécution de ce projet. Il fallut se contenter du dommage irréparable qu'il avait causé aux Hollandais, et qui fut évalué à plus de vingt millions de florins.

Avant de donner le signal de la retraite, il fit mettre le feu par les mains du marquis de Boufflers à toutes les maisons qui étaient situées entre Bodegrave et Gonde. A son départ de la première de ces deux places, et conformément aux ordres de la cour, qui voulait venger l'incendie des villages français que le prince d'Orange avait brûlés auprès de Charleroi, Luxembourg livra Bodegrave aux flammes.

Pour se venger de tant de maux, les Hollandais entreprirent de noyer Luxembourg avec son armée, en coupant les digues qui arrêtent la mer. Mais leurs travaux leur furent funestes; la mer acheva de submerger les lieux qui n'étaient pas inondés, et fit périr un nombre infini de chevaux et de bestiaux. Le général français avait si bien combiné sa retraite, qu'il était déjà à Utrecht, où il fit la revue de son armée. Cette expédition ne lui coûta que vingt soldats.

Si Luxembourg manqua la conquête de la Hollande, il eut du moins la gloire de la remplir de terreur et d'effroi. Rien, depuis le commencement de la guerre, ne lui fut si sensible que les coups qu'il lui porta : la nouvelle de la déroute de Konismark, de la prise de Swmerdam, de Bodegrave, de Niwerbruck, apportée coup sur coup dans les principales villes, avait jeté une telle consternation que les plus riches familles s'enfuirent ; tous les canaux étaient couverts de bateaux, dans lesquels les fugitifs embarquaient leurs femmes, leurs enfants, leurs trésors. Amsterdam ne paraissait pas un asile assez sûr contre l'audace et la fortune des Français. La plupart se retirèrent jusqu'à Embden et Hambourg ; la populace qui était restée à Leyde, transportée de douleur et d'indignation, ferma les portes de la ville aux vaincus, et força le magistrat de sortir jusqu'au delà des faubourgs, pour présenter les clefs au duc, qu'on attendait à chaque instant.

La retraite de Luxembourg ne rassurait pas encore le peuple ; une nouvelle gelée pouvait le ramener plus fier et plus terrible. Le prince d'Orange, regardé auparavant comme le libérateur de la République, était presque généralement détesté. On le chargeait d'injures et d'imprécations, pour s'être opposé à la paix. Sa personne même paraissait menacée, il ne put calmer l'indignation des citoyens, qu'en consentant sur le champ au congrès qui fut indiqué à Cologne,

en abandonnant au ressentiment du peuple le colone
Moïse Paynvin, qui eut la tête tranchée. Le comte d
Konismarck aurait eu un sort non moins tragiqu
sans sa fermeté.

Quoique le prince d'Orange eût considérablement
augmenté son armée, en enrôlant, sans distinctior
de naissance, d'état, la quatrième partie des citoyens
et qu'il eût établi son quartier à Leyde, pour êtr
plus à portée de prévenir les Français, Luxembourg
n'avait point renoncé au dessein de rentrer en Hollande. En attendant que de nouvelles gelées lui pré
sentassent les moyens de frapper de nouveaux coups
il était perpétuellement occupé à tenir ses troupes er
haleine. Indépendamment de l'exercice ordinaire, il
accoutumait les bataillons à marcher sur une même
ligne, à garder les distances, à passer brusquement
les défilés, et à se remettre ensuite rapidement en
bataille. On ne saurait croire combien l'exercice con
tribuait à la santé et à la vigueur du soldat; les étu
des perpétuelles que le duc faisait de l'art militaire
le mirent à portée de découvrir bien des défauts dans
la manière d'exercer et de conduire les troupes; i
fit part de ses observations au marquis de Louvois,
qui en profita dans la suite.

Mais le duc n'était pas tellement occupé de ce soin,
qu'il ne ramassât une quantité prodigieuse de vivres,
de fourrages et de munitions de guerre, dont il faisait des magasins pour la campagne prochaine aux dépens du pays ennemi. L'armée française et la province d'Utrecht étaient, par ses soins, dans une extrême abondance, tandis que le peuple de Hollande

périssait ou de misère ou par l'intempérie de l'air ; presque tous les bestiaux avaient été noyés, ou étaient morts faute d'aliments, et il fallait en faire venir d'Allemagne à grands frais pour la subsistance des troupes et des citoyens. Le découragement était tel, que les détachements de la République, quoique supérieurs en nombre, et favorisés par les paysans et par la connaissance du pays, étaient toujours battus ; et les bourgs, les villages et les châteaux étaient réduits en cendre, conformément aux ordres destructeurs du ministre de la guerre.

Dans ces tristes circonstances, il ne fallait qu'une nouvelle invasion des Français en Hollande pour achever la ruine de la République. Le grand pensionnaire Fagel, et la plupart des membres de l'Etat, peu rassurés par la contenance et les promesses du stathouder, voulurent renouer avec le duc les négociations de l'année précédente. Mais le roi lui défendit de les écouter, à moins qu'ils ne promissent de se soumettre aux conditions qu'ils avaient déjà deux fois rejetées.

La ruine de la Hollande n'était point réservée à une nation qui eût peut-être été la première à déplorer sa victoire. L'hiver, contre la nature du climat, s'écoula tout entier sans de fortes gelées, en sorte que Luxembourg, n'osant hasarder son armée sur un élément qui avait manqué lui être funeste, se vit obligé de renoncer à ses projets. Les Hollandais, de leur côté, regardèrent la douceur de l'hiver comme une espèce de miracle. Persuadés que le ciel s'intéressait à leur salut, ils reprirent courage, avec d'autant plus de raison, qu'ils n'ignoraient pas que la moitié de l'Europe allait s'unir à eux contre leurs ennemis.

V

Au commencement du printemps, le prince de
Condé se rendit à Utrecht avec de nombreuses troupes, mais elles n'étaient composées que de jeunes
gens enrôlés pendant l'hiver. C'était avec cette armée
sans expérience, et dont Boileau disait qu'*elle serait
fort bonne lorsqu'elle serait majeure*, que Condé avait
entrepris de soumettre la Hollande. L'inondation,
plus profonde et plus étendue que la campagne dernière, fut pour la République un rempart impénétrable. En vain, sur la foi de quelques ingénieurs, le
prince employa son armée à des travaux immenses,
pour faire refluer dans la mer les eaux qui couvraient
presque toute la surface de la terre; les ouvertures
que l'on fit aux digues, pour recevoir l'écoulement de

la marée, présentèrent à l'océan de nouveaux passages, qu'il franchit avec fureur. Il fallut se hâter de les fermer, pour ne pas laisser à jamais submergé un pays qui ne doit son existence qu'aux travaux, à l'industrie et aux arts.

Le duc de Luxembourg profita de l'inaction forcée de l'armée pour se rendre au siége de Maëstricht, que le roi réduisit sous ses lois avec beaucoup de gloire. Après avoir prêté à ce prince le serment de fidélité pour la charge de capitaine des gardes, il retourna auprès de Condé, pour exécuter, sous ses ordres, une entreprise qui n'avait pas moins d'éclat que celle de Maëstricht. C'était la conquête de Bois-le-Duc, ville considérable du Brabant Hollandais. Mais plusieurs puissances de l'Europe s'étant alliées contre la France, il fut obligé d'y renoncer.

Le roi, forcé de partager ses forces contre la multitude d'ennemis qui s'élevaient contre lui, ne pensa plus à la conquête de la Hollande. Le prince de Condé eut ordre d'entrer avec son armée dans les Pays-Bas, et Luxembourg resta à Utrecht pour s'opposer au prince d'Orange, qui déjà menaçait cette province avec trente mille hommes.

Il ne manquait au général français qu'une armée, pour arrêter les efforts du stathouder; car on ne peut appeler de ce nom un corps de trois ou quatre mille hommes, qu'il retira des places les moins exposées aux armes des Hollandais, et qui furent les seules forces dont il disposa pour défendre son gouvernement. Dans ces circonstances, qui rendaient son emploi encore plus difficile que la campagne dernière, il

proposa à la Cour d'évacuer les places les moins importantes, afin de former des garnisons une armée
capable de contenir le stathouder, et d'entretenir en
Hollande une guerre ruineuse pour la République.

Ce conseil si sage ne fut point approuvé ; le marquis de Louvois, persuadé qu'en abandonnant si
promptement ses conquêtes, le roi ferait à toute l'Europe un aveu trop humiliant de faiblesse, écrivit au
duc de conserver, à quelque prix que ce fût, la province entière qui obéissait à ses ordres. Luxembourg
remplit le plan de la cour, qu'il n'approuvait pas,
comme s'il en eût été l'auteur ; mais il n'en donna
que de plus grandes marques de zèle, de vigilance,
d'activité et d'application. Nuit et jour à cheval, par-
courant toutes les places, veillant continuellement
sur les démarches du prince d'Orange, il succomba
bientôt sous les violents efforts de corps et d'esprit
qu'il fit ; épuisé, malade, mais soutenu par la grandeur de son courage, il ne voulut jamais quitter le
camp volant, à la tête duquel il harcelait et fatiguait
l'ennemi.

Le mois de septembre était arrivé, que le stathouder n'avait encore osé exécuter aucun des grands
projets qu'il méditait, tant il redoutait le génie audacieux et fécond du général français. Honteux enfin
d'une inaction qui excitait les murmures de toute la
Hollande, après des précautions inouïes, il assiégea
Naerden, qui se rendit par lâcheté et l'avarice de
son gouverneur.

Cependant, soit que la contenance fière de Luxembourg en imposât au prince d'Orange, soit que ce

prince crût qu'il serait plus avantageux à la cause
commune de joindre l'armée impériale dans l'électorat
de Cologne, que de tenter des conquêtes difficiles
dans la province d'Utrecht, il se met en route, s'ou-
vre les passages, et arrive sous les murs de Bonn, où
le comte de Montécuculli s'était rendu du fond de
l'Allemagne.

Turenne, qui veillait au salut de l'Alsace et de la
Lorraine, n'avait pu l'empêcher de passer le Rhin et
la Moselle. Il faut avouer pourtant que le général de
l'empereur fut plus redevable du succès de cette belle
marche à l'infidélité de l'électeur de Trèves, qui, au
mépris de la neutralité, lui livra les passages, qu'à sa
longue expérience. Dans le même temps, l'armée
d'Espagne, commandée par le comte de Monterey,
vint prendre part aux exploits du prince d'Orange et
de Montécuculli.

Les trois chefs réunis attaquèrent la ville de Bonn,
et l'emportèrent en neuf jours de tranchée ouverte.

A la nouvelle de la perte de Bonn, le duc de Luxembourg, qui n'ignorait pas que l'électeur de Cologne,
pour ne pas voir ses États ravagés par trois armées,
avait entamé une négociation secrète avec l'empereur,
accourut d'Utrecht, pour sauver Nuits et Keyserverts,
où étaient déposés d'immenses magasins de vivres
et de munitions. Il jeta deux mille cinq cents hommes dans la première de ces deux places sous les
ordres du marquis de Chamilly, et mille dans l'autre
sous ceux de M. de Reveillon. Après cette heureuse
expéd on, il retourna promptement dans la pro-

vince d'Utrecht, que le prince d'Orange menaçait d'une nouvelle invasion.

En arrivant dans la capitale de son gouvernement, il reçut les ordres du roi pour évacuer toutes les conquêtes de la Hollande, excepté Grave et Maëstricht.

Les ordres de la cour étaient d'une exécution périlleuse : déjà le prince d'Orange, fortifié par un corps de six mille hommes de cavalerie de l'empereur, avait détaché le comte de Hornes avec douze mille hommes, et le général Sporck avec la cavalerie allemande soudoyé par les États-Généraux, pour tenir Luxembourg en échec. Lui même, avec le reste de son armée, il alla camper sur la chaussée de Namur, le seul chemin que les Français pouvaient prendre pour entrer dans le royaume. Enfin, pour achever d'envelopper Luxembourg et rendre sa défaite inévitable, le comte de Monterey alla se poster avec les Espagnols auprès de Hui.

Dans cette situation des armées, toute l'Europe regarda le duc de Luxembourg comme perdu. En effet, pour échapper à tant de forces réunies contre lui seul, l'audace qui lui avait été jusqu'alors si heureuse, ne suffisait pas ; il fallait, avec beaucoup d'expérience, un génie supérieur.

Sans s'étonner des menaces et des dispositions de l'ennemi, Luxembourg commença par évacuer les villes de Hollande. M. de Louvois, toujours inflexible, lui avait mandé de détruire les fortifications des places qu'il abandonnerait, et même de n'en faire qu'un monceau de cendres et des ruines, s'il prévoyait que l'ennemi pût s'en servir pour lui rendre sa retraite impraticable. Depuis les excès commis à Swmerdam et à Bodegrave, Luxembourg passait pour un général terrible et inhumain ; mais il fit bien voir, par sa conduite, combien il est injuste de rendre un chef responsable de la cruauté et de la licence d'une soldatesque effrénée qui ne connaît, dans le sein de la victoire, d'autres dieux que ses passions. Loin de remplir le ministère odieux dont il était chargé, il eut l'adresse et le bonheur de concilier ce qu'il devait aux ordres de la cour avec les sentiments de compassion qu'il ne pouvait refuser à plus de dix mille familles qui eussent été ruinées et sans ressources, s'il eût détruit et incendié leur patrie. Il se contenta de raser les principales fortifications des places qu'il évacuait, et d'imposer des contributions médiocres sur les habitants pour indemniser le roi des magasins qu'il ne pouvait transporter. Les sommes qu'il retira, quoique considérables, ne répondaient point à l'opulence d'un pays qui allait devenir la principale ressource de tous les potentats ligués contre la France.

Déjà, malgré tous les efforts du comte de Hornes et du général Sporck, il avait abandonné, sans perdre un seul homme, les villes de Voerden, d'Hardewich, de Crève-Cœur, de Bommel, d'Amersfort, de Rhéénen, de Wageninghen, d'Erbourg, de Campen, de Hatten, de Stéenvich et de Meppel. Il contint les troupes dans une telle discipline, qu'il n'y eut pas un soldat qui osât commettre le plus léger désordre, en se retirant d'un pays si riche, et qu'il ne quittait qu'a-

vec un extrême regret. Après avoir fatigué et trompé
les ennemis, il arriva heureusement à Utrecht.

Cette manœuvre brillante ne sauvait pas encore
l'armée ; les dangers, au contraire, et les obstacles
semblaient augmenter de jour en jour. Il fallait trai-
ner avec soi, dans cette retraite, trois cents pièces
de canon qu'il avait trouvées dans les villes de Hollande, et plus de trois mille chariots chargés de
grosses dépouilles, et il manquait de cavalerie. L'ennemi, maître de l'électorat de Cologne et des places
de la basse Meuse, ne lui laissait d'autre issue pour
retourner en France que la route de Charleroi, et en
même temps il lui fermait les passages avec trois
armées, dont la moindre était supérieure à la
sienne.

Quoique Luxembourg connût toute la grandeur du
péril auquel il allait être exposé, il ne laissa pas de
se mettre en route avec seize mille hommes. Il sortit
d'Utrecht le 15 novembre, au son des cloches, des
trompettes et des tambours. Les magistrats et les
principaux citoyens le conduisirent jusqu'à une lieue
d'Utrecht, croyant ne pouvoir témoigner trop d'honneur à un général étranger qui les avait gouverné
avec autant d'intégrité que de désintéressement. Le
duc gagna Maëstricht, où il jeta la nombreuse artillerie qu'il amenait de la Hollande ; il campa sous le
canon de la place, jusqu'à ce que le colonel Stoup,
qui lui amenait le reste des troupes françaises dispersées dans l'Over-Issel, l'eût joint.

Cependant le roi était dans de vives alarmes sur la

4

destinée de cette armée; quoiqu'il eût beaucoup de confiance en Luxembourg, le nombre et la position des ennemis l'inquiétaient. On parlait à la cour d'envoyer Condé et Turenne avec de nombreuses troupes pour le dégager. Déjà le comte de Scomberg avait pris les devants avec un corps de cavalerie, pour favoriser sa retraite; mais l'habileté de Luxembourg rendit inutile ce secours, qui, d'ailleurs, s'était mis trop tard en route.

Jamais le comte de Hornes et le général Spork, qui avaient réuni leurs forces, n'osèrent l'attaquer. Arrivés le long de la Meuse, ils n'avaient plus à craindre que la rencontre du prince d'Orange et du comte de Monterey.

L'audace devenait inutile et même dangereuse devant des ennemis redoutables; il n'y avait de moyen de leur échapper que la ruse. Luxembourg l'employa avec autant d'adresse que de succès. Il feignit de renoncer au dessein de rentrer en France par Charleroi, et fit croire au prince d'Orange qu'il allait traverser le Condros et les Ardennes pour gagner Sédan. Ce stratagème lui ouvrit les chemins de la retraite. Il arriva à Charleroi le 6 décembre sans avoir perdu un homme ni un chariot.

Jusqu'ici Luxembourg avait passé pour un général hardi, actif, entreprenant; mais sa retraite lui acquit une réputation de sagesse et d'habileté qui ne laissait au-dessus de lui que Condé et Turenne.

La moitié de l'Europe s'était élevée dans le cours de la dernière campagne contre la France. Au commencement de celle-ci, elle se vit abandonnée de tous ses alliés, et réduite à ses propres forces.

La même main qui avait soulevé contre elle la maison d'Autriche, le roi du Danemark et presque tout le corps Germanique, détacha le roi d'Angleterre de ses intérêts. Ce fut le prince d'Orange héréditaire qui venait d'être déclaré stathouder, pour avoir, par sa constance et sa politesse, sauvé l'état ébranlé.

C'est ainsi qu'un prince de vingt-quatre ans, qui n'était que le premier magistrat d'une république que Charles-Quint daignait à peine compter au nombre de ses provinces, devenait le héros des ennemis de la France. Sa haine contre Louis XIV, consacrée par la jalousie de tous les princes de l'Europe, lui fraya le chemin au trône d'Angleterre ; elle le mit à la tête de presque toute la république chrétienne. Après Charles Quint, il fut l'ennemi le plus formidable de la France ; les Français eussent succombé sous ses efforts plus réitérés, plus étendus que ceux du prince autrichien, si Guillaume, d'un génie profond, d'un courage indomptable, d'une ambition sans bornes, eût été aussi heureux à la tête des armées que dans le cabinet, ou plutôt si le ciel n'eût fait naître en France un grand roi et de grands hommes, pour arrêter un ennemi si fier, si dangereux, si implacable.

Cependant Louis XIV, dont le royaume était encore plein de force et de vigueur, peu étonné de la défection rapide et générale de ses alliés, se préparait à soutenir seul le poids énorme de la guerre. Jamais roi, par son application et ses lumières, ne fit un usage plus heureux de la valeur et du zèle de ses sujets, des talents de ses généraux et de la capacité de ses ministres.

Quatre armées furent formées pendant l'hiver. La première, destinée à servir en Flandre sous les auspices de Condé, devait être de cinquante mille hommes ; la seconde, beaucoup moins nombreuse, était consacrée à la défense de l'Alsace et de la Lorraine ; elle avait pour général Turenne. Le comte de Scomberg commandait la troisième en Roussillon ; enfin le roi s'était réservé à lui-même la quatrième, pour soumettre une seconde fois la Franche-Comté. Indépendamment de toutes ces forces, qui pouvaient monter à cent dix mille hommes, Luxembourg était chargé de la conduite d'un corps de troupes, à la tête duquel il devait ouvrir au roi les chemins de la Franche-Comté, et contenir le duc de Lorraine, chargé de la défense de la province.

La conquête de la Franche-Comté coûta beaucoup plus au roi que celle de 1668 ; c'est qu'il ne trouva point de traîtres qui lui vendissent leur patrie comme dans sa première expédition. Toutes les places, et surtout Dole et Besançon, furent défendues avec une vigueur surprenante. Luxembourg soumit Pontarlier, Ornans et plusieurs autres postes ; de là il s'avança sur les frontières de l'Alsace, au-devant du duc de Lorraine, qui s'efforçait d'entrer dans la province avec un corps de cavalerie.

La crainte de s'engager entre Turenne, qui commandait l'armée d'Alsace, et Luxembourg, arrêta le prince de Lorraine ; bientôt après, Charles IV retourna en Allemagne, abandonnant la Franche-Comte aux armes de Louis XIV. Sur ces entrefaites, le roi appela auprès de lui Luxembourg, pour lui faire part d'une lettre importante qu'il venait de recevoir de l'armée de Flandre.

Le prince de Condé, dont l'âme pleine de feu, les fatigues de la guerre et les passions avaient usé, à la fleur de l'âge, le corps plus agile que vigoureux, écrivait au roi qu'assiégé d'infirmités, attaqué d'une goutte violente, il craignait de ne pouvoir soutenir l poids du commandement. Il le conjurait de lui envoyer le duc de Luxembourg comme le seul homme en qui il eût assez de confiance pour décider des opérations sur son rapport et ses lumières, ou pour le mettre à la tête de l'armée en sa place au jour de bataille, si les douleurs de la goutte l'empêchaient de monter à cheval. Pour comprendre toute l'inquiétude du roi, il faut savoir que, malgré ses efforts, les armées qu'il avait mises sur pied ne répondaient po nt à celles des ennemis : trente mille hommes en Alsace contre soixante-dix mille; cinquante mille dans les Pays-Bas contre quatre-vingt-dix mille. On ne pouvait se flatter du salut de l'Alsace, de la Lorraine et de la Champagne menacées par les alliés, qu'en voyant Turenne et Condé à la tête des armées. Cependant, à la veille des événements les plus critiques, le roi était sur le point d'être privé de l'un des deux appuis de son trône, à moins qu'il ne lui donnât pour lieutenant un homme à qui il avait promis de ne l'employer qu'en chef. Dans cette situation, le roi prit le parti le plus honnête ; il communiqua la lettre de Condé à Luxembourg, et le laissa maître de sa destinée. Luxembourg ne balança pas un instant : il répondit au roi que *bon sang en lui ne pouvait mentir*, et qu'il était disposé à sacrifier l'intérêt de sa gloire à ce qu'il devait à l'État et à la confiance dont l'honorait le grand Condé. Dès le lendemain, il partit pour l'armée de Flandre, où il fut reçu avec une joie égale du prince et des troupes.

Mais ce sacrifice généreux manqua lui devenir funeste. Outre le duc d'Enghien, qui partageait en quelque sorte l'éclat et les honneurs du commandement avec un père dont il était tendrement chéri, le prince de Condé avait pour lieutenants-généraux le duc de Navailles, le comte de Rochefort et le chevalier de Fourilles. Tel était alors l'ordre établi dans les armées du roi. Les maréchaux de France et les officiers généraux du même grade roulaient entre eux. Luxembourg, qui avait commandé toute sa vie Rochefort et Fourilles, se soumit sans peine à l'usage. Il n'en fut pas de même de M. de Navailles, qui, malgré toute sa vertu, jaloux peut-être des marques d'amitié et de confiance que Condé prodiguait à Luxembourg, déclara qu'il ne marcherait jamais l'égal d'un officier général qui commençait à peine l'apprentissage de la guerre, lorsqu'il était déjà constitué en grade. Il appuyait ses prétentions sur le titre de capitaine-général qu'il avait autrefois obtenu de la cour, et sur les commandements en chef qu'il avait exercés plusieurs fois. A ces raisons, Luxembourg n'en opposait pas de moins fortes : la promesse récente du roi de ne l'em-

ployer qu'en qualité de général, la qualité de feld-
maréchal dans l'armée des alliés; enfin il citait autant de commandements que Navailles, et la voix
publique ajoutait qu'ils avaient été remplis avec encore plus de gloire et de succès. Il est constant que
les vœux de Condé, de d'Enghien, de l'armée entière
étaient pour Luxembourg; mais la cour pensa autre-
ment, et décida en faveur de Navailles.

Le combat recommença donc le lendemain. Il est
inutile de dire qu'il fut un des plus terribles dont nos
Annales nous conservent le souvenir. Les Français
firent des efforts surprenants. Mais les alliés, excités
par la haine, la vengeance et le désespoir, les repoussèrent avec un horrible carnage. Luxembourg, dont
le nom seul faisait frémir les Hollandais depuis la
campagne de 1672, eut principalement à combattre
les troupes de cette nation réputées par Condé les plus
mauvaises des alliés, et qui, encouragées par le prince
d'Orange, témoignèrent ce jour-là plus de fermeté
que les Espagnols et les Allemands mêmes.

Il y eut dix-sept heures d'une lutte acharnée. Enfin, sur les onze heures du soir, la lune ayant disparu,
le combat cessa. Les deux armées restèrent chacune
sur le terrain qu'elle occupait au milieu des morts
et des blessés. Condé se disposait à commencer le
lendemain, à la pointe du jour, un nouveau combat;
mais il n'y avait guère que lui dans les deux armées
qui eût encore envie de se battre. En effet, les
Français, épouvantés de la grandeur de la perte qu'ils
avaient faite, ne soupiraient qu'après la retraite. Les
alliés encore plus maltraités, les prévinrent, et

décampèrent deux heures avant le jour, après avoir fait une décharge d'artillerie et de mousqueterie.

Tel fut le succès du mémorable et triple combat de Senef, de Saint-Nicolas-aux-Bois et du Fay, qui coûta la vie à plus de vingt-sept mille hommes, dont près de la moitié Français. Les alliés osèrent s'attribuer la victoire parce qu'ils avaient conservé une partie de leurs postes, mais les trophées, consistant en un nombre prodigieux de prisonniers, de drapeaux et d'étendarts, déposèrent contre eux, et apprirent à toute l'Europe quel était le véritable vainqueur.

Le prince d'Orange, quoique vaincu, acquit dans cette célèbre journée une gloire égale à celle de Condé. On fut persuadé dans les deux armées que sans le génie, l'activité et le courage héroïque du stathouder, les alliés auraient été entièrement défaits.

Dans la relation que Condé envoya à la cour de cette action sanglante, il donna de si grands éloges à la conduite et à la valeur du duc de Luxembourg que le roi se crut obligé de lui écrire de sa propre main pour le féliciter et le remercier : *Si vous n'aviez pas déjà mérité toute mon estime par les services que vous m'avez rendus en tant d'actions,* lui dit ce prince reconnaissant, *je ne pourrais la refuser aux marques de courage et d'habileté que vous venez de témoigner en ce dernier combat. Je suis charmé que mes gardes se soient autant distingués qu'ils l'ont fait.*

VI

Cependant le prince d'Orange, qui voulait soutenir aux yeux de l'Europe le titre de vainqueur qu'il
s'était arrogé par une jactance indigne d'un grand
homme, se fortifie de nouvelles troupes, et s'approche
de Condé pour lui livrer une nouvelle bataille. Mais
le général français, en choisissant des postes
avantageux, déconcerta les vues des alliés. Enfin,
pour ne pas perdre en mouvements inutiles une
campagne qui, dans le plan du stathouder, devait être
si funeste à la France, les alliés s'attachèrent au siége
d'Oudenarde.

Cette ville était d'une force et d'une étendue médiocre; mais elle avait pour défenseurs le marquis de Rannes et Vauban. La tranchée fut ouverte le 15 septembre. Trois jours après, l'ennemi attaqua et emporta la contrescarpe au prix du sang, de près de deux mille hommes. Il était temps de marcher au secours des assiégés, qui ne pouvaient pas encore, malgré la valeur et l'art, défendre la place plus de quatre jours.

Condé passe l'Escaut, partage son armée en trois corps, se met à la tête du premier, et donne le commandement des deux autres à Luxembourg et à Navailles. Son dessein était d'attaquer séparément et en même temps les trois armées ennemies dans leurs lignes. Mais à l'approche des Français, le prince d'Orange assembla le conseil, et proposa aux autres généraux d'épargner à Condé la moitié du chemin. Cet avis, également sage et vigoureux, fut rejeté. Les comtes de Souches et de Monterey, qui avaient encore l'imagination remplie de la terrible journée de Senef, refusèrent absolument de commettre leurs troupes à l'événement incertain d'une nouvelle action. Dès le lendemain, ils décampèrent à la faveur d'un brouillard épais, qui sauva leur arrière-garde d'une défaite certaine. Tout ce que put faire le prince d'Orange ainsi honteusement abandonné fut de se réfugier sous le canon de Grand. On conçoit quel dut être le chagrin du prince: il se plaignit amèrement aux cours de Vienne et de Madrid de la conduite de Souches et de Monterey. L'un et l'autre furent sacrifiés. Mais la campagne n'en était pas moins perdue. Car on regarda comme de faibles avantages pour les alliés la conquête de Grave que le comte de Chamilly leur remit après quatre-vingt six jours de tranchée ouverte, et celles de Hui et de Dinan, places très mal fortifiées. Le prince de Condé, dont l'armée était diminuée de moitié par les détachements qu'il avait envoyés en Alsace n'avait pu marcher au secours de ces deux dernières villes.

Turenne se couvrit, cette campagne, d'une gloire immortelle. Il sauva, par la seule supériorité de ses talents, l'Alsace et la Lorraine contre une multitude prodigieuse d'Allemands, qu'il battit en différents combats.

Quelque brillants que fussent les succès de la France, ils n'étaient pas assez décisifs pour déterminer les alliés à la paix. Il y avait pourtant un congrès ouvert à Cologne sous la médiation de l'Angleterre et de la Suède. Mais les alliés et surtout l'empereur avaient une telle confiance en leurs forces, qu'ils ne cherchaient qu'à traîner la négociation en longueur. Ils ne voulaient mettre les armes bas qu'après avoir resserré la France dans les bornes prescrites par les traités de Münster et des Pyrénées. On ne doit pas passer sous silence que le duc de Luxembourg, autorisé par le roi, réclama dans le congré de Cologne, et ensuite dans celui de Nimègue, la province dont il portait le nom. Mais on n'eut pas plus d'égard aux droits de son épouse qu'à ceux de la maison de Trémouille sur le royaume de Naples. Les enfants du duc ont depuis renoncé à des tentatives inf.uctueuses, pour recouvrer le patrimoine de leurs ancêtres maternels.

Cependant l'empereur, toujours rempli du désir de prolonger une guerre dans laquelle il n'envisageait que des succès, frappe le coup le plus hardi, et vient enfin à bout de rompre le congrès de Cologne.

Le prince Guillaume de Furstemberg, ministre plénipotentiaire de l'électeur de Cologne, qui sur la foi du droit des gens et la protection des couronnes médiatrices, regardait le congrès comme un asile sacré, est enlevé, transporté dans un château en Autriche, et condamné à perdre la tête à cause de ses liaisons intimes avec la France. L'amitié du pape lui sauva, à la vérité, la vie; mais il fut traité comme un criminel d'état, et renfermé dans une étroite prison. A la nouvelle de cet attentat, Louis XIV cria à l'infraction du droit des nations. Pour toute réponse, l'empereur fit saisir dans Cologne une somme assez considérable qui appartenait à la France. Les plaintes du roi redoublèrent, il rappela ses ambassadeurs, et demanda vengeance de tant d'injures aux rois d'Angleterre et de Suède; mais il ne put intéresser dans sa querelle que le dernier. Charles XI, jeune, ardent, ambitieux, avide, comme ses ancêtres, de combats et de conquêtes, exigea de l'empereur une satisfaction éclatante de l'affront fait à sa médiation. Sur son refus, il lui déclara la guerre, ainsi qu'à ses alliés. Quelques écrivains prétendent que la cour de Suède céda plutôt à l'argent de la France qu'à ses raisons. Quoi qu'il en soit, Charles XI s'embarqua dans cette guerre avec plus de courage que de prudence.

Il eut à combattre le roi de Danemarck, l'électeur de Brandebourg et tous les princes de la basse Allemagne, jaloux des établissements de la Suède dans l'empire. Le feu de la guerre s'étendit des Pyrénées jusque dans la Norwége, et les malheurs de la république chrétienne se multiplièrent. Mais au lieu des victoires dont la Suède s'était flattée, elle n'éprouva que des revers. Louis XIV seul profita de la diversion qu'elle fit; il fut déchargé, moyennant quelques subsides, du fardeau de la guerre contre le roi de Danemarck, l'électeur de Brandebourg et plusieurs princes dont les troupes ne parurent plus sur le Rhin ni dans les pays-Bas.

Malgré le nouvel ennemi qui venait de s'élever entre eux, les alliés formèrent sur le Rhin, en Flandre et sur la Moselle des armées beaucoup plus nombreuses que celles que la France put leur opposer. Mais Louis XIV, plus prévoyant, plus actif, mieux servi que ses ennemis, les prévint dans les Pays-Bas. Dès la fin de mars, il parut dans ces riches provinces à la tête d'une armée de quatre-vingt mille hommes, qu'il partagea en différents corps. Le duc d'Enghien, le maréchal de Créqui, les ducs de Luxembourg et de la Feuillade, le comte de Rocheford, commandaient toutes ces troupes, qui agissaient de concert; ils reconnaissaient pour généralissime le prince de Condé. Le roi lui-même ne se réserva que le commandement d'un corps qui campait auprès de

Charleroi. Le succès couronna la sagesse du roi. Dinan fut emporté par le maréchal de Créqui; Huy, par le comte de Rocheford, et la citadelle de Liége par le comte d'Estrade. Peu après le duc d'Enghien vint assiéger Limbourg, défendue par une garnison de quinze mille hommes.

A la nouvelle du siége de cette dernière place, le prince d'Orange s'ébranla avec une armée de cinquante mille hommes, composée d'Espagnols et de Hollandais. On s'attendait à une bataille, par la raison que depuis le rappel des comtes de Souches et de Monterey, le prince d'Orange se trouvait le maître absolu de ses opérations, et qu'il désirait ardemment d'en venir aux mains avec les Français. Le roi, de son côté, n'eut pas plutôt appris la marche et les desseins de l'ennemi, qu'il appela auprès de lui Condé et Luxembourg, et s'avança entre Tongres et Maëstricht. La bataille semblait inévitable; mais le prince d'Orange, dont la cavalerie était inférieure à celle des Français ne voyant point combattre que la cavalerie allemande et lorraine, qui avait hiverné sur la Moselle, ne l'eût joint. Pendant ce temps-là, Limbourg capitula.

Après cette conquête, le roi détacha Luxembourg avec un corps d'armée, pour porter la terreur et le ravage dans toute l'étendue du Brabant. Le duc exécuta les ordres du roi avec sa rapidité ordinaire: il pénétra jusqu'aux portes de Bruxelles, d'Anvers, de Malines et de Louvain, dissipant les troupes qui se présentaient à lui, et contraignant cette province florissante à de grandes contributions.

Le cri des peuples qui étaient les malheureuses victimes de cette expédition se fit entendre au prince d'Orange, qui se hâta de quitter les bords de la Meuse. Quelque rapide que fût sa marche pour couper Luxembourg et le séparer de la grande armée, celui-ci trouva le secret de ramener ses troupes victorieuses et chargées de butin, au camp du prince de Condé.

Le roi était déjà retourné en France. Il avait laissé à Condé le soin de veiller au salut de ses anciennes et de ses nouvelles conquêtes avec une armée de quarante mille hommes. Le maréchal de Créqui défendait les bords de la Moselle avec un corps de dix mille hommes : le reste des troupes que le roi avait conduit dans les Pays-Bas fut envoyé en Alsace.

Cependant le prince d'Orange qui, avec les seules forces de l'Espagne et de la Hollande, comptait sous ses drapeaux plus de cinquante mille hommes, renvoie la cavalerie allemande sur la Moselle, et s'avance jusqu'à Hall, dans le dessein d'assiéger Ath. Condé déconcerta ce dessein en renforçant à propos la garnison de la ville menacée. Il choisit ensuite un camp dans lequel le prince d'Orange n'osa entreprendre de le combattre.

Telle était la situation des armées dans les Pays-Bas, lorsque tout-à-coup on apprit la mort de Turenne, qui, à la veille de recueillir les fruits d'une campagne aussi laborieuse que savante, avait été tué d'un coup de canon. Luxembourg donna des larmes avec toute

la France, à la mort imprévue de ce grand homme,
qui l'avait comblé dans tous les temps de marques
particulières d'estime et d'amitié. Peu après il reçu
le baton de maréchal de France. Cet honneur fut
accordé en même-temps à MM. d'Estrades, de
Navailles, de Schomberg, de la Feuillade, de Vivone
et de Rochefort. Mais ce qui distingua Luxembourg
de ses collègues, c'est la confiance que le roi lui
témoigna, en lui donnant, dans ces conjectures aussi
délicates que difficiles, le commandement général de
l'armée de Flandre. Condé alla se mettre à la tête
de l'armée d'Allemagne. Le choix du roi fut reçu
avec un applaudissement général des troupes d'Alsace et de Flandre. Les affaires étaient dans une espèce
de crise.

Condé et Luxembourg, chargés dans ces moments
critiques des destinées de l'Etat, rappelèrent bientôt
la confiance par la sagesse de leur conduite. Avec
une armée réduite à moins de trente mille hommes,
à cause des détachements que Condé avait conduits
en Alsace, il fallait sauver toutes les places de la
frontière, exposées aux armes de l'ennemi; le prince
d'Orange les menaça tour à tour d'un siège. Mais
toujours prévenu par Luxembourg, qui à chaque pas
l'arrêtait par la seule science des campements, il
appela à son secours les troupes victorieuses de
Créqui à Consabrik; son armée monta alors à plus de
soixante mille hommes. Il n'y avait point de succès
dont les alliés ne se flatassent; cependant telle fut
l'ascendant du génie de Luxembourg, que le prince se
vit réduit à n'oser rien entreprendre,

Honteux enfin, et désespéré d'être le seul général des alliés qui, avec la plus formidable armée, n'eût rien exécuté de toute la campagne de stathouder, il entre dans le Hainaut, et s'attache au siège de la ville de Binch, défendue par trois cents hommes; il la prit en peu de jours, et déchargeant sur elle tout le poids de sa colère, il la réduisit en cendre.

C'est à cet exploit que se bornèrent les vastes projets des ennemis qui, après la mort de Turenne, la défaite de l'armée de la Moselle, et la prise de Trèves, avaient compté sur la conquête de la meilleure partie de la Flandre. Luxembourg entra à son tour dans le pays de l'ennemi; il emporta en neuf heures le château de Thuyn, place très-forte sur les frontières du Brabant. Il réduisit aussi une multitude de petits postes, qui resserrèrent extrêmement les alliés dans leurs quartiers d'hiver. Enfin les partis de l'armée de France surprirent toujours et battirent ceux de l'ennemi.

Tel fut le succès de la campagne de 1675 en Flandre, une des moins éclatantes, et peut-être une des plus glorieuses du maréchal de Luxembourg. Qui, à la vue de la conduite de ce général, ne se rappelle celle du maréchal de Saxe en 1744? Mêmes conjonctures, mêmes vues, mêmes talents, mêmes événements. Il faut avouer que les grands hommes ont souvent dans leur marche des traits de ressemblance dont on ne peut s'empêcher d'être frappé.

Condé avait fait en Alsace une campagne qui n'était pas moins glorieuse. La seule terreur de son nom fit lever à l'ennemi le siège d'Haguenau et la supériorité de sa manœuvre celui de Saverne. Mais Montécuculli, réduit à repasser le Rhin, frappa dans sa retraite un coup de maître; il se saisit du poste de Lauterbourg, qu'on lui laissa imprudemment fortifier. Cette faute fut d'autant plus funeste à la France, que la perte de Lauterbourg entraîna celle de Philipsbourg ; mais il ne faut point anticiper sur des événements qu'on va bientôt développer avec plus d'étendue.

VII

Dès les premiers jours de l'an 1676, le roi nomma
les généraux de ses armées. Le maréchal de Navailles
obtint le commandement de celle de Catalogue; le
maréchal de Vivonne fut envoyé en Sicile, dont une
partie des habitants avait levé l'étendart de la révolte
contre l'Espagne. Le roi se destina à lui-même la
gloire d'enlever en Flandre quelques places aux Espagnols. Il devait avoir sous ses ordres MM. de Créqui,
de Luxembourg, de La Feuillade, de Schomberg et
de Lorge.

Mais Luxembourg eut le commandement de l'armée

d'Allemagne, qui bientôt lui mérita la dignité de maréchal de France.

Luxembourg ne se laissa pas tellement éblouir par l'éclat d'un choix qui le couvrait de gloire, qu'il ne comprit le danger qu'il y avait à succéder, dans les circonstances les plus critiques, à Turenne et à Condé. Il ne connaissait l'Alsace que par la carte et les entretiens fréquents qu'il avait eus avec ces deux grands hommes ; mais il n'ignorait pas que l'Allemagne entière allait s'ébranler pour la conquête de Philipsbourg, dont la garnison n'avait cessé, depuis le commencement de la guerre, de porter le fer et le feu dans les plus belles provinces de l'empire. Tous les amis de Turenne l'assuraient que ce grand homme disait ordinairement que s'il voyait jamais Philipsbourg bloqué ou assiégé, il n'en tenterait pas même le secours par l'impossibilité de réussir, mais qu'il dédommagerait le roi de la perte de cette forteresse par la conquête de Strasbourg ou de Fribourg. Le sentiment de Turenne, appuyé de celui de Condé, n'était que trop suffisant pour inquiéter un général aussi jaloux de la réputation des armes du roi que Luxembourg.

Les affaires étaient encore dans une situation plus déplorable qu'on ne le pensait à la cour. Non-seulement Montécuculi s'était saisi, comme on l'a indiqué ci-dessus, du poste de Lauterbourg, mais il avait aussi emporté les châteaux situés aux environs de Philipsbourg. La place fut investie pendant tout l'hiver par une multitude de paysans ruinés par les courses de la garnison. Ils s'étaient cantonnés dans les bois voisins, d'où ils surprenaient les partis qui sortaient de la ville.

Quelque grands que fussent les obstacles que Luxembourg prévoyait, ou qu'il ne prévoyait pas, il était bien résolu de déployer toutes les forces de son génie, soit pour tenter le secours de Philipsbourg, soit pour dédommager la France de cette perte par la conquête d'une place importante. Son imagination vive et féconde enfanta les projets les plus beaux, les plus dignes du nom français ; cette campagne eût été fertile en grands événements, si les lenteurs, les incertitudes, et enfin les ordres du cabinet ne lui eussent lié les mains.

Dans l'impatience où il était de prendre une connaissance particulière du pays qui était le théâtre de la guerre, il partit dès le mois de mars pour l'Alsace. Arrivée à Schelestadt, il fit fortifier cette place, ainsi que Haguenau et Saverne.

Cependant l'armée impériale était en marche ; déjà elle était arrivée à Brumpt, dans le dessein de pénétrer en Lorraine. Le maréchal s'avança à sa rencontre pour rompre ce projet. Bientôt les deux armées se trouvèrent en présence l'une de l'autre à Kaukelberg. Elles n'étaient séparées que par un ruisseau pour aller observer la position de l'ennemi ; mais il avait eu la précaution de poster derrière les haies dont on vient de parler quelques régiments d'infanterie et de dragons, pour favoriser sa retraite. Il remarqua, par l'étendue du terrain qu'elle occupait, que l'armée impériale était plus nombreuse qu'il ne

5..

se l'était figuré; elle était d'ailleurs campée si avantageusement sur une hauteur, qu'il jugea qu'il serait également difficile et dangereux d'entreprendre de l'attaquer. Cependant le duc de Lorraine, ne pouvant souffrir que le général français approchât si près de son camp, détacha le comte de Tilly, général major, avec un gros corps de cavalerie pour le combattre. A l'aspect des impériaux, le maréchal se retire et repasse le ruisseau. Tilly le suit avec plus de courage que de précaution. Mais tout-à-coup il est arrêté par le feu des troupes françaises embusquées derrière les haies. Tilly entreprit en vain de les forcer. Après un combat de deux heures, il fut tué, et son détachement mis en fuite. Cette action coûta la vie à cinq cents impériaux, et à près de quatre-vingts Français. Le marquis de Boufflers, qui commandait les dragons, fit des prodiges de valeur.

Les deux armées restèrent ainsi en présence pendant plusieurs jours, souffrant également de la disette des fourrages, et n'osant ni l'une ni l'autre passer le ruisseau pour en venir à une action générale. Sur ces entrefaites, Luxembourg, ayant appris qu'il lui venait un renfort de six mille hommes, jugea à propos de décamper pour marcher à sa rencontre. Il était temps, car le duc de Lorraine, instruit de la marche de ce corps, avait déjà envoyé une partie de sa cavalerie pour s'emparer des passages de Saverne, et l'enlever.

Mais la retraite était difficile en présence d'un général aussi vigilant que le duc de Lorraine. Avant que l'armée française pût gagner Saverne, il fallait qu'elle franchit un défilé très-long, qui aboutit au village de Saint-Jean-des-Choux. Ce défilé était commandé par des hauteurs, d'où il était aisé à l'ennemi d'écraser les Français, s'il s'en rendait maître. Cependant Luxembourg, après avoir pris toutes les précautions imaginables, se met en route. Arrivé au défilé, il jette à droite et à gauche plusieurs régiments d'infanterie française et anglaise sous les ordres du comte d'Hamilton, pour empêcher l'ennemi de gagner les hauteurs.

Le duc de Lorraine ne s'aperçut qu'à la pointe du jour de la retraite des Français ; mais il ne perdit pas un instant pour les poursuivre. Il les atteignit bientôt, et les deux armées marchèrent pendant plusieurs heures, avec un ordre admirable, à la portée du mousquet l'une de l'autre. Le duc de Lorraine ne voulut point s'engager dans le défilé que l'armée française traversait qu'il ne se fût rendu maître des postes avantageux occupés par Hamilton. Il l'attaqua donc, mais avec tant de furie, que le désordre se répand parmi les Anglais et les Français : tout ce que put faire Hamilton, après avoir perdu du terrain, fut de rallier ses troupes et de les engager à tenir encore quelques instants, en leur faisant espérer un prompt secours. Le secours parut bientôt en effet : c'était Luxembourg lui-même qui le conduisait. Le combat devint alors furieux ; il s'agissait du salut de l'armée française. On vit Luxembourg mener lui-même les escadrons à la charge. Il fut vaillamment et heureusement secondé par les Anglais ; le comte d'Hamilton, leur commandant, paya de sa vie la gloire qu'il acquit.

ce jour-là. Enfin les Français, excités par l'exemple de leur général, firent de si grands efforts, qu'ils enfoncèrent les cuirassiers de l'empereur. Le duc de Lorraine, voyant ses troupes ébranlées, sonna la retraite. Le maréchal continua sa marche, et gagna la rivière du Sor, sur les bords de laquelle il se retrancha.

Dès le lendemain, l'armée impériale parut sur une hauteur, d'où elle foudroya pendant trois jours le camp des Français avec une fureur extrême; ceux-ci répondirent à ce feu avec celui de leur artillerie, qui ne consistait qu'en vingt pièces de canon. On se tua de part et d'autre quelques centaines d'hommes. Mais enfin le duc de Lorraine, voyant qu'il lui était également impossible de pénétrer dans ses Etats, et d'intercepter les troupes qui arrivaient au maréchal, ramena à Kaukelberg son armée diminuée de plus de huit cents hommes tués aux deux combats dont on vient de parler.

Jusqu'ici le maréchal avait rempli toutes les vues de la cour, en fermant à l'ennemi les chemins de la Lorraine, et surtout en l'empêchant de joindre le marquis de Dourlach devant Philipsbourg. Le roi, en parlant de la conduite de son général, dit hautement qu'il n'était pas possible d'agir avec plus de sagesse et de capacité. Il est constant qu'il n'y avait guère d'autres moyens de sauver Philipsbourg que de tenir le duc de Lorraine en échec pendant la campagne. Jamais le marquis de Dourlach, qui bloquait Philipsbourg, n'eût osé, avec la seule armée des cercles, ouvrir la tranchée; ou bien il aurait eu honte de le-

ver le siège, puisque, fortifié d'une partie de l'infanterie impériale, il ne se rendit maître de cette forteresse qu'après avoir été sur le point d'échouer.

Mais pendant que Luxembourg, dont l'armée augmenta alors jusqu'au nombre de quarante mille hommes, se flattait d'arrêter loin de Philipsbourg le duc
de Lorraine, la ville de Strasbourg livrait le passage
à ce général. Il embarqua sur le Rhin son artillerie,
ses bagages, son infanterie, qu'il conduisit en peu de
jours devant Philipsbourg. Ce ne fut pas la seule infidélité que Strasbourg commit au mépris de la neutralité qu'elle avait signée. Elle fournit de vivres les
armées ennemies, et elle transporta dans leur camp
toutes les munitions de guerre sans le secours desquelles Philipsbourg n'eût pas été conquis. Dans la
crainte cependant de voir Luxembourg, justement
irrité, porter le fer et le feu dans son territoire, elle
lui offrit des vivres. Luxembourg exigea de plus que
la régence lui livrât passage sur son pont. Cette demande, qui n'avait rien que d'équitable, fut rejetée
d'une voix unanime.

Luxembourg s'attendait à ce refus, mais il ne bor-
nait pas sa vengeance aux actes d'hostilité que les
Strasbourgeois semblaient craindre. Il avait conçu
un projet plus grand ; c'était de soumettre au roi cette
ville impériale, qui avait toujours abusé de la neutralité pour favoriser l'ennemi et tromper les Français. La conquête de Strasbourg eût dédommagé avec
éclat la France de la perte de Philipsbourg qu'elle livrait, pour ainsi dire, à l'ennemi. L'exécution, au
reste, de ce projet, était beaucoup plus facile qu'on ne

le croyait ; les fortifications de Strasbourg étaient né-
gligées en beaucoup d'endroits, elle n'avait pour défenseurs qu'une milice bourgeoise incapable de soutenir les attaques des troupes françaises. Il est vrai
qu'elle comptait sur l'armée du duc de Lorraine ;
mais si le prince eût osé marcher à son secours à travers un pays dévasté, il aurait ruiné sa cavalerie, ce
qui l'eût mis hors d'état de combattre. D'ailleurs
Luxembourg avait tellement combiné son projet, qu'il
ne demandait au roi que quinze jours pour le mettre
en possession de cette grande ville. L'éclat de cette
entreprise plut beaucoup à la cour : on promit au maréchal tous les secours qu'il demandait. Les préparatifs étaient déjà commandés, Luxembourg allait marcher pour investir la place lorsqu'il reçut des ordres
contraires à ceux qu'il avait obtenus. Le marquis de
Louvois lui écrivit que l'intention du roi était qu'il
renonçât au siège de Strasbourg pour ne s'occuper que
des moyens de faire lever celui de Philipsbourg.

Voici quelle fut la raison qui obligea ainsi la cour à
changer de dessein. Avant que d'entamer la campagne, le duc de Lorraine, dont le génie égalait le courage, prévoyant que la France ne manquerait pas de
venger sur Strasbourg la perte de Philipsbourg, avait
employé les ressorts les plus puissants auprès de la
république Helvétique pour l'engager à prendre
Strasbourg sous sa protection. Les Suisses, étonnés,
depuis la conquête de la Franche-Comté, de se voir
entourés presque partout des Etats d'un prince dont
on leur exagérait sans cesse la puissance et l'ambition,
ne virent pas d'un œil satisfait qu'il songeât encore à

s'agrandir dans leur voisinage ; sur le bruit qui se répandit du siége de Strasbourg, ils conjurèrent le roi de laisser la liberté à une ville qu'ils regardaient comme leur alliée. Louis XIV, pour ne pas aigrir cette nation, dans un temps où presque toute l'Europe était liguée contre lui, aima mieux dissimuler les injures qu'il avait reçues des Strasbourgeois, que de les punir.

Pendant ce temps-là, le duc de Lorraine, rassuré sur la destinée de Strasbourg, se livrait tout entier au soin de réduire Philipsbourg.

Philipsbourg est situé, comme on sait, sur la rive droite du Rhin, à l'embouchure de Saltza. Cette forteresse, la plus considérable des frontières de l'Allemagne, n'est éloignée que de deux lieues de Spire et de dix de Landau. Des marais profonds l'environnent de toutes parts ; elle n'est accessible que du côté du Rhin ; mais les Français avaient épuisé toutes les ressources de l'art pour la fortifier dans cet endroit. Indépendamment d'un ouvrage à cornes revêtu de briques et de pierres de taille auquel aboutissait un pont bâti sur pilotis, ils avaient élevé deux forts, l'un en-deçà, l'autre au-delà du Rhin. Les environs de Philipsbourg étaient alors couverts de bois qu'on a depuis abattus. Charles du Fay, maréchal de camp, officier plein de courage et de talents, commandait dans la place ; il avait sous ses ordres trois mille hommes de vieilles et excellentes troupes, mais il s'en fallait bien qu'il eût la quantité de poudre et de plomb indispensablement nécessaire pour un siége qui ne pouvait manquer d'être long, sanglant et opiniâtre.

Le premier soin du duc de Lorraine, après avoir renforcé l'armée de Dourlach de plusieurs régiments d'infanterie, fut de venir camper sur la rive droite du Rhin dans une plaine appelée *la petite Flandre*.

Il se rendit maître du cours du fleuve, en établissant un pont de bateaux près du village de Roussen. Le Rhin en cet endroit se partage en quatre branches et forme trois îles, dans lesquelles il posta une partie de son infanterie. Il fortifia aussi les postes de Graben et de Guanden; enfin il creusa devant son camp de larges fossés dans lesquels il fit entrer l'eau du Rhin; on avait seulement ménagé de distance en distance des détachés d'où pouvaient sortir six escadrons de front. Par sa position, le duc de Lorraine avait le fleuve à sa droite, à sa gauche et derrière lui. Ainsi retranché comme dans une île, il aurait défié une armée quatre fois plus nombreuse que celle des Français.

C'était pourtant dans ce camp, d'où il couvrait l'armée ennemie de Dourlach, qu'il fallait le forcer pour secourir Philipsbourg.

Le maréchal, après plusieurs tentatives vaines, se retira, abandonnant Philipsbourg à ses propres forces. Il entra dans le Brisgaw, qu'il ravagea, en attendant que la cour eût ordonné les préparatifs nécessaires pour le siège de Fribourg.

Cependant Philipsbourg capitulait; le corps de la place n'était pourtant pas encore entamé, et la garnison, qui n'était pas diminuée de huit cents hommes en soixante-dix jours de tranchée ouverte, témoignait un courage invincible; mais le brave Dufay manquait de poudre, et depuis plus d'un mois il ne faisait tirer le canon que dans la plus pressante nécessité.

On prétend que le marquis de Couvois, craignant que du Fay ne se plaignît au roi d'une faute qui regardait son ministère, se hâta de lui ordonner de capituler. Quoi qu'il en soit, il était temps que les ordres de la cour arrivassent, car il ne restait plus à la garnison de munitions de guerre que pour quatre jours.

La joie des assiégeants, en entendant les Français battre la chamade, fut d'autant plus vive, qu'ils ne s'attendaient plus à la conquête de Philipsbourg. Ils avaient perdu plus de dix mille hommes à ce fameux siége, sans compter un nombre prodigieux d'officiers, qui, voyant le soldat rebuté, s'exposèrent sans ménagement pour lui rendre le courage par leur exemple. Beaucoup aussi furent emportés par les maladies que produisirent les fatigues extraordinaires et la corruption de chair; le marquis de Bade Dourach fut du nombre : il ne survécut que de quelques jours à la gloire qu'il s'était acquise devant Philipsbourg. Malgré sa confiance, il avait été souvent sur le point de lever le siége, il l'aurait fait, s'il n'eût reçu sans cesse des renforts des princes d'Allemagne, qui tous concoururent avec zèle à remplacer dans son armée le vide causé par l'épée des assiégés, la désertion et les maladies.

On ne doit pas oublier que si du Fay eût pu défendre la place encore douze ou quinze jours, les alliés eussent été obligés de se retirer, à cause du débordement du Rhin, qui eût comblé leurs tranchées

ruiné leurs travaux. C'est alors que la faute de Rochefort qui, après avoir laissé bloquer Philipsbourg, avait
négligé d'y faire entre entrer deux bataillons avec le
convoi de munitions de guerre et de bouche dont on
a parlé, dut paraître funeste.

Dans la joie que causait au duc de Lorraine un
événement si inespéré, il laissa généreusement du
Fay le maître de la capitulation. Elle fut telle qu'on
en voit peu d'exemples dans l'histoire : La garnison,
au nombre de plus de deux mille hommes, sortit de
la place, tambour battant, mèche allumée, enseignes
déployées ; la cavalerie l'épée à la main et l'infanterie
les armes hautes. Indépendamment de huit pièces de
canon, il fut permis à du Fay d'emmener un mortier
et quatre bateaux de cuivre.

Cependant la perte de Philipsbourg renversait tous
les projets du maréchal; il ne s'agissait plus d'assiéger
Frisbourg, mais de sauver l'Alsace et la Lorraine menacées par une armée infiniment supérieure à la
sienne depuis la réunion de celle des Cercles. Quoique
la saison fût avancée, le duc de Lorraine avait formé
le dessein de passer le Rhin et de prendre ses quartiers d'hiver dans ces deux provinces.

Luxembourg accourt du fond du Brisgâw et gagne
en peu de jours la haute Alsace; telles furent les dispositions qu'il fit pour fermer partout le passage du
Rhin à l'ennemi. Le marquis de Boufflers fut posté
avec un corps d'infanterie et de dragons près de
Basle, le chevalier du Plessis à Bethfort; on éleva
trois batteries à Huningue, qui n'était pas alors une

place de guerre ; le maréchal, avec le reste de l'armée, campa à Rizen.

Le duc de Lorraine, arrêté partout, eut recours à la ville de Bâle, pour obtenir le passage sur son territoire ; mais les Suisses, éclairés de près par Luxembourg, furent plus fidèles à la neutralité que ne l'avaient été les Strasbourgeois. Ils méprisèrent également les prières et les menaces du général de l'empereur.

Les deux armées restèrent ainsi en présence l'une de l'autre pendant près de deux mois. Luxembourg, qui n'avait plus à combattre les obstacles que la nature et l'art avaient opposés au secours de Philipsbourg, ni la lenteur et les variations du cabinet, déconcerta facilement tous les projets du duc de Lorraine ; enfin ce prince, dont l'armée diminuait sensiblement tant par le défaut de subsistance que par la désertion, voyant qu'il lui était impossible de surprendre la vigilance du général français, ramena ses troupes dans le sein de l'Allemagne, où il les établit en quartier d'hiver.

A peine l'armée impériale se fut-elle retirée, que Luxembourg reçut ordre de s'emparer de la principauté de Montbéliard, petit Etat situé entre la Franche-Comté et l'Alsace.

Le souverain de Montbéliard, qui était de la maison de Wirtemberg, laissait éclater dans ses discours un zèle extraordinaire pour l'empereur ; le roi, craignant avec raison qu'un prince si dévoué à son ennemi né lui livrât ses places et ne le mît à portée de

conquérir la Franche-Comté, résolut de le prévenir.

Luxembourg entra, le 14 décembre, dans la principauté de Montbéliard avec un détachement de son
armée; l'imprudent Wirtemberg, surpris d'une invasion à laquelle il ne s'attendait pas, demande à
Luxembourg une entrevue aux portes de son château. La conférence dura deux heures; le prince, s'a-
percevant qu'il entreprenait inutilement de se justi-
fier des soupçons que la cour avait conçus contre
lui, rentre brusquement dans la place, résolu de s'y
défendre jusqu'à la dernière extrémité. Mais Luxembourg, qui voulait épargner à ses troupes les travaux
d'un siége, après avoir fait signe aux officiers et à
ses gardes, qui n'étaient qu'à quelques pas, de le
suivre, entre dans le château avec Wirtemberg, arrête la garnison, et lui substitue des troupes françaises Après cet exploit, il retourna à la cour.

On a vu, par le détail de cette campagne, que Luxembourg fit tout ce qu'on pouvait attendre d'un grand capitaine, pour la rendre heureuse et brillante. Cependant telle fut l'injustice des courtisans, qu'ils osèrent lui imputer la perte de Philipsbourg. Rochefort était mort, on avait oublié jusqu'à sa faveur, son nom et ses fautes. On ne parlait que de celles de Luxembourg, sans qu'on pût en prouver aucune. Paris, qui offre toujours un champ si vaste et si fécond à la calomnie et à la méchanceté, retentissait d'épigrammes et de chansons contre Luxembourg : triste récompense pour tant de services rendus à l'état et surtout pour avoir sauvé, comme il venait de le faire, l'Alsace et la Lorraine par la sagesse de ses dispositions et la fierté de sa contenance.

Les hommes qui se piquaient le plus de modération dans leur jugement, ne pouvant refuser à Luxembourg un courage à toute épreuve, et la gloire de plusieurs actions brillantes, disaient de lui, qu'accablé du poids d'un grand commandement, il ne se distinguerait jamais qu'à la tête d'un camp volant et par quelque coup de main. Cependant l'événement a démontré que nul général n'a commandé de grandes armées avec plus d'ordre, de génie et de succès.

Le roi seul et le marquis de Louvois s'élevèrent avec force contre les détracteurs du maréchal. Louis XIV avoua qu'il lui avait donné les ordres les plus positifs de ne pas entreprendre de secourir Philipsbourg par l'impossibilité du succès, et qu'il avait mieux aimé sacrifier une place que son armée. Louvois, dans le temps de sa querelle avec Luxembourg, lui rendit toujours justice à cet égard ; il ajoutait que si les circonstances avaient permis à la cour de laisser agir ce général selon ses vues, la campagne eût été aussi glorieuse en Alsace que dans les Pays-Bas.

Si le maréchal de Luxembourg, qui ne pouvait agir qu'avec l'agrément de la cour, ne put mettre à exécution les projets qu'il avait conçus, et qui auraient donné un nouvel éclat à sa réputation, il eut au moins la gloire de gagner le cœur des peuples de l'Alsace par l'excellente discipline qu'il établit dans son armée.

Toutes les communautés de cette province, au milieu desquelles il vécut sans qu'elles sentissent le poids de la guerre dont leur pays était le théâtre, lui adressèrent à la fin de la campagne des lettres de remerciment, qui existent encore dans les archives de M. le maréchal de Luxembourg : monument rare et respectable de la manière dont un général doit se conduire à l'égard des peuples dont on lui a confié la défense.

Au reste, le déchaînement de la cour et de la ville contre Luxembourg ne faisait qu'ajouter aux marques d'estime et de confiance qu'il reçut du roi. Dès qu'il fut arrivé d'Alsace, Louis XIV lui déclara qu'ayant de grandes vues en Flandre, il avait jeté principalement les yeux sur lui pour le seconder, comme celui de tous les généraux qui connaissait le mieux le pays. Il forma avec lui seul le plan de cette campagne, qui fut, comme on le verra dans la suite, la plus glorieuse de cette guerre.

A la vue des menaces et des préparatifs des alliés, Louis XIV comprit qu'il n'y avait d'espérance de paix que dans la victoire. C'est dans ces circonstances que, déployant toute la grandeur de son âme, il parut à ses sujets et à ses ennemis supérieur à lui-même. Au milieu des fêtes magnifiques qu'il donnait à sa cour, pour couvrir d'un voile impénétrable le secret de ses desseins, il déclara qu'il se rendrait au commencement de mars en Flandres pour y ouvrir lui-même la campagne.

Pendant que tout le monde s'épuisait en réflexions et en conjectures sur ces projets, que les uns blâmaient le roi d'exposer ses troupes dans une saison si rigoureuse ; que les autres exhalaient sa fermeté, son génie, déjà le maréchal de Luxembourg campait sous Valenciennes. En moins de six jours, il avait assemblé les troupes, investi la place, et fait les dispositions du siége. Il n'attendait plus que la présence du roi pour ouvrir la tranchée. Ce prince parut bientôt avec Monsieur, le duc d'Enghien, les maréchaux d'Humières, de Scomberg, de la Feuillade, de Lorges et de tous les grands du royaume. Quoique la campagne ne présentât partout que des glaces et des frimats, l'armée, composée de soixante mille hommes, vécut sous Valenciennes dans une abondance incroyable, par la prévoyance du marquis de Louvois. Il faut avouer que rien de tout ce qui pouvait contribuer au succès d'une entreprise n'échappait à la sagacité de ce ministre.

Le roi ne fut pas plutôt arrivé, qu'il partagea les quartiers de son armée. Il s'établit à Fames, avec les maréchaux d'Humières et de la Feuillade; Schomberg campa à Sauve, Luxembourg à Aulnay, et Lorges à Azin. Chacun d'eux faisait des fonctions de lieutenant général du roi, et commandait à son tour dans la tranchée.

La ville de Valenciennes se vante d'une haute antiquité. Elle attribue sa fondation à l'empereur Valentinien 1er, dont elle prétend tirer son nom. Elle est entourée de l'Escaut, de la Rouolle, de marais inaccessibles, et d'écluses pour inonder la campagne. Les Espagnols n'avaient rien oublié de tout ce qu'on peut ajouter à la nature, pour en faire le rempart des

Pays-Bas. Valenciennes passait, avec raison, pour une des villes les plus riches, les plus fortes, les plus peuplées et les plus attachées à la domination espagnole. Enfin Louis XIV regardait la conquête de cette place comme l'exploit le plus digne de lui.

A la nouvelle d'une expédition qu'il était bien éloigné de prévoir, le duc de Villa-Hermosa, gouverneur-général des Pays-Bas, implora le secours du prince d'Orange, comme du seul homme capable de sauver Valenciennes.

Le stathouder était à Wesel lorsqu'il reçut le courrier de Villa-Hermosa ; il s'était abouché dans cette ville avec le duc de Lorraine et l'électeur de Brandebourg, pour chercher avec ces princes les héros des alliés, les moyens de réduire la France à accepter, dans cette campagne, la paix aux conditions qu'ils jugeraient à propos d'imposer. La nouvelle du siége de Valenciennes fit sur l'esprit des princes une impression aussi vive que celui de Villa Hermosa ; elle déconcerta les conférences. Le prince d'Orange quitta brusquement Wesel, pour assembler une armée, et secourir, à quel prix que ce fût, une ville si importante.

Le zèle et les promesses du prince d'Orange, la force de la place, la valeur de la garnison, composée de quatre mille hommes de vieilles troupes, à laquelle s'était joint un pareil nombre de bourgeois très-aguerris, et une foule de gentilshommes et de paysans des environs, commencèrent à rassurer Villa Hermosa. Il ne désespérait pas même, lorsqu'il aurait été joint par l'armée de Hollande, de rendre Valenciennes

6

l'écueil de la gloire du monarque français, comme elle l'avait été vingt-un an auparavant, de celle de Turenne. Il est constant que si le sort de cette ville florissante eût dépendu du courage du marquis de Richebourg et de l'expérience de Després, le meilleur officier d'infanterie qui fût peut-être en Europe, les Français ne l'eussent jamais emporté. Le premier, qui était gouverneur de Valenciennes, employa tout ce que la crainte et l'espérance ont de pouvoir sur l'esprit des hommes, pour animer la garnison et les habitants On planta, par son ordre, des potences dans tous les carrefours de la ville, pour y attacher quiconque parlerait de capituler. En même temps on afficha partout des placards, signés *le duc de Villa-Hermosa*, par lesquels il promettait, au nom du roi catholique, d'affranchir la ville de toute imposition pendant douze ans, pourvu que les habitants contribuassent à son salut. Mais la fortune de Louis XIV l'emporta sur le courage et la sagesse de ceux à qui la défense de Valenciennes était confiée.

Il n'y avait que cinq jours que la tranchée était ouverte du côté de la porte d'Azin, et déjà, malgré l'inondation, la rigueur du froid, les sorties et le feu terrible des assiégés, qui avaient une artillerie formidable, on était parvenu jusqu'à la contrescarpe de l'ouvrage couronné. Louis XIV, impatient d'accélérer la conquête d'une place que les ennemis se préparaient à secourir, témoigna à Luxembourg qu'il désirait donner l'assaut à l'ouvrage couronné le 16 mars. Luxembourg, qui connaissait très-bien l'état des villes des Pays-Bas, les mœurs et les coutumes des habilants, conseilla au roi de différer à la pointe du jour suivant l'assaut qu'il méditait, parce que c'était là l'instant où les bourgeois qui avaient monté la garde pendant la nuit dans le dehors de la place se retiraient chez eux pour goûter des douceurs du sommeil. Le roi approuva le conseil du maréchal; il forma avec lui le plan de l'attaque, et le laissa maître de l'exécution.

La veille de l'assaut, Luxembourg se jeta dans un petit bateau sur l'inondation, accompagné du seul du Metz, excellent officier d'artillerie; il la parcourut tout entière, montrant à du Metz les endroits où il devait établir ses batteries pour favoriser l'attaque. On verra combien la prévoyance et les mesures du maréchal contribuèrent à la victoire.

Il s'en fallait bien que le dessein du roi fût d'emporter Valenciennes d'assaut; l'idée en eût été téméraire; car, quoique l'on eût fait, comme on l'a dit ci-dessus, de grands progrès depuis le commencement du siége, on était encore très-éloigné du corps de la place, qu'on avait attaquée par l'endroit le plus fort. Avant d'y parvenir, il s'agissait d'emporter non-seulement l'ouvrage couronné, mais encore une demi-lune revêtue de pierres, un fort appelé le *Pâté*, qui avait pour fossé un bras de l'Escaut. De là il fallait franchir le grand lit du fleuve, qui coule avec beaucoup de rapidité le long des murs de Valenciennes, et prendre ensuite la ville. Aucun de ces obstacles n'avait échappé à la prévoyance du roi; mais ce prince espérait que, lorsqu'il serait une fois maître des dehors, la ville foudroyée par les bombes s'empresserait de lui ouvrir ses portes, pour éviter une ruine certaine.

Au reste, l'assaut qu'on préparait était très-périlleux ; il était question d'enlever un ouvrage fortifié de bastions, de palissades, de fossés profonds et d'une excellente contrescarpe. On s'attendait à une grande effusion de sang. Le roi, qui, dans tous ses siéges, avait toujours ménagé la vie de ses sujets, ne s'était porté à brusquer cette attaque que parce qu'il voyait les troupes souffrir des fatigues infatigables : en effet le soldat, malgré la rigueur du froid, était obligé de travailler, de combattre dans l'eau jusqu'à la ceinture. Il n'y avait que la présence du prince, ses libéralités et l'exemple des généraux, capable de faire essuyer à l'armée des incommodités plus insupportables sans doute que le travail et le péril même.

La nuit étant arrivée, Luxembourg descendit dans la tranchée, où il disposa tout pour l'assaut. Indépendamment des troupes du jour, qui étaient le régiment des gardes et celui de Picardie, le roi avait commandé quatre mousquetaires des deux compagnies, cent grenadiers à cheval, et quarante-deux compagnies de grenadiers, tirés de tous les corps de l'armée. Le marquis de la Trousse, lieutenant-général, était chargé d'attaquer la droite de l'ouvrage couronné, avec le premier bataillon des gardes, à la tête duquel combattaient les mousquetaires gris et des grenadiers à cheval. Le comte de Saint-Géran, maréchal-de-camp, devait en même temps engager la gauche avec les mousquetaires noirs, soutenus d'un bataillon de Picardie. Le second bataillon de ce régiment et les

quarante deux compagnies de grenadiers furent
postés au milieu des deux corps dont on vient de
parler, pour assaillir l'ouvrage de front : Le maréchal
se plaça dans le centre, pour être à portée d'envoyer des ordres et des secours partout où le besoin
l'exigerait.

Pendant toute la nuit, on fatigua beaucoup les
assiégés par la quantité étonnante de bombes, de
carcasses et de pots à feu qu'on jeta dans les ouvrages
extérieurs de la place. Sur les cinq heures du matin,
les batteries se turent ; un profond silence succéda
dans la tranchée au bruit et à l'agitation. Les Espagnols, qui s'étaient attendus à une attaque générale
pendant la nuit, persuadés qu'on n'oserait livrer
l'assaut en plein jour, permirent aux bourgeois épuisés
des travaux et des veilles de la nuit de se retirer chez
eux. C'était là l'instant qu'attendait le maréchal. Il fit
donner le signal du combat par une décharge de neuf
coups de canon.

Déjà le roi s'était rendu, avec toute sa cour, sur la
hauteur d'Azin, pour être spectateur de la conduite
du général et de la valeur des soldats. Les troupes,
animées par les regards du prince, débouchent en
même temps de tous les boyaux de la tranchée. Elles
marchent avec un ordre et une fierté admirables à la
contrescarpe. Leur attaque fut si vive et si impétueu-
se, que l'ennemi, après avoir fait une seule décharge,
se retira dans l'ouvrage couronné. Il fut poussé avec
tant de vigueur, qu'en peu de temps la ville fut prise
et fit sa soumission au roi. Tel est ordre que

6.

Luxembourg établit dans son armée, qu'il n'y eut point de pillage, et que deux heures après, les boutiques furent ouvertes et les rues aussi fréquentées que si Valenciennes n'eût pas éprouvé ce jour-là la plus étonnante des révolutions. Luxembourg alors se porta devant Cambrai, avec une partie de l'armée française.

La ville de Cambray, si célèbre dans l'histoire de France et des Pays-Bas, est une place considérable. L'Escaut baigne ses murs, et lui sert de fossé. Elle est environnée d'excellents remparts, de bastions, de demi-lunes et de deux forts. Mais ce qui la rendait redoutable, c'était une citadelle de forme carrée, qu'on regardait alors comme imprenable. Les Espagnols entretenaient dans cette forteresse une garnison de mille chevaux et de sept régiments d'infanterie qui, en temps de guerre, s'étaient mis en possession de porter tous les ans le fer et le feu dans toute la Picardie et sur les bords de la Seine. Il est certain que, de toutes les conquêtes que le roi pouvait entreprendre nulle n'était plus utile et plus agréable à ses sujets.

A peine Luxembourg était-il arrivé aux portes de Cambray, qu'il vit aborder à son camp une multitude de paysans de Picardie, qui venaient lui offrir leur secours pour hâter la prise d'une ville qui, depuis près d'un siècle, n'avait cessé de leur être funeste. Le maréchal les employa à la construction des lignes, dont il environna la ville et la citadelle. On ne saurait croire combien cet ouvrage immense avança en peu de temps: déjà les ponts de communication étaient établis sur l'Escaut; tout était prêt pour l'ouverture de la tranchée le 22 mars. Ce jour là-même, le roi arriva au camp avec les maréchaux de Scomberg, de la Feuillade et de Lorges. Il choisit pour son quartier Avain, du côté de la citadelle; celui de Luxembourg était à la gauche du roi, près de Cantigneule; Scomberg embrassait dans le sien toute l'étendue de terrain qui est au-delà de l'Escaut, depuis Neuvillet jusqu'à Cantimpré; enfin le maréchal de Lorges campait vis-à-vis la porte de Valenciennes.

Le succès répondit aux vœux du roi et de ses généraux. La ville de Cambray, malgré sa force et la rigueur de la saison, fut réduite en peu de jours. Mais le siége de la citadelle fut plus long et plus meurtrier. Cependant les alliés s'ébranlaient pour venir au secours des vaincus.

Le roi, avec Monsieur, continua les opérations du siége pendant que Luxembourg allait couvrir Dunkerque, Lille et Courtray.

Le stathouder alors voulut essayer si la fortune ne lui serait pas plus favorable dans une action générale. Il marcha à Monsieur, qui lui semblait moins redoutable que le roi.

A la première nouvelle du dessein et des mouvements des alliés, le duc d'Orléans écrivit à Luxembourg de se rendre auprès de lui; il partit en même temps avec son armée, pour épargner à l'ennemi la moitié du chemin. Il avait seulement eu la précaution de laisser le marquis de la Trousse avec quelques troupes dans les lignes pour contenir la garnison de Saint-Omer.

Luxembourg n'eût pas plutôt reçu la lettre du duc
d'Orléans, que, pour se conformer aux ordres du roi
et aux prières du prince, il monta à cheval, accompagné seulement de deux aides de camp. Son détachement le suivait à grands pas. Il arriva le 9 avril au
soir à Mont-Cassel, poste avantageux, dans lequel
Monsieur attendait l'ennemi. Le premier soin de
Luxembourg, après avoir salué Monsieur, fut de
parcourir tout le front de l'armée. Il la trouva mal
postée : le maréchal d'Humières, sur qui le prince se
déchargeait des détails, avait fait la faute d'en mettre
une partie au-delà de la Peene dont les bords sont
fort escarpés. Luxembourg se rendit près de Monsieur
pour lui faire part de ses observations. Il le trouva
couché et endormi. Le prince, qu'on réveilla, comprit
le danger de sa position. Il se leva sur-le-champ,
et fit repasser le ruisseau à l'aile gauche pour la
joindre au reste de l'armée.

Dès le lendemain le prince d'Orange parut à la
tête de trente-cinq mille hommes. Les Français n'en
avaient que vingt-cinq mille. Après quelques hésita-
tions du stathouder, le combat s'engagea à Cassel, et
la victoire fut complète du côté des Français. Luxembourg poursuivait les fuyards, en atteignit une partie
qui s'était ralliée pour sauver les équipages ; et,
l'ayant défaite, prit des étendards, des drapeaux,
plusieurs pièces d'artillerie, les bagages du prince
d'Orange où étaient sa vaisselle d'or, et les plans les
plus magnifiques de toutes les villes fortes de
l'Europe. Le nombre des prisonniers qu'on emmena
surpassait de beaucoup celui des soldats que Luxem-

bourg conduisait ; enfin la nuit arrêta sa course victorieuse à Poperingue, à deux lieues du champ de bataille.

Tel fut l'événement glorieux de la bataille de Cassel, la troisième que les Français livraient dans les mêmes lieux. Ils perdirent la première en 1071, sous le règne de Philippe I. Philippe VI gagna, en personne, la seconde en 1328. Ce prince, qui fit des prodiges de valeur, vengea en éclat la honte de ses ancêtres, mais elle fut encore mieux vengée par Philippe de France. En effet, la perte des alliés fut évaluée à plus de dix mille hommes tués, blessés, prisonniers ou déserteurs. On comptait au nombre des premiers, quinze colonels et cent cinquante capitaines. Les trophées de la victoire consistaient en treize pièces de canon, deux mortiers, cinquante-quatre drapeaux ou étendards et tous les bagages de l'ennemi. Monsieur acheta un si grand avantage au prix du sang de quatre mille Français tués ou blessés la plupart au centre. On regretta surtout le marquis de Genlis, lieutenant général, et le brave Moissace, ce cornette de mousquetaires qui s'était fort signalé à la prise de Valenciennes.

Monsieur resta deux jours sur le champ de bataille, pour voir si le prince d'Orange, renforcé par la cavalerie de Nasseau et les garnisons voisines, voudrait encore tenter le sort des armes ; il attendit inutilement : le stathouder, à qui on ne peut refuser la gloire d'avoir prodigué sa vie dans le combat, ne comptait pas assez sur la valeur et le ressentiment de ses troupes pour hasarder une nouvelle bataille. L'armée victorieuse retourna devant Saint-Omer, qui se rendit après.

Ainsi finit cette campagne; mais Luxembourg resta dans les Pays-Bas avec vingt mille hommes, pour veiller au salut de ses anciennes conquêtes. Il ne devait pas demeurer longtemps oisif. Six semaines après, le prince d'Orange menaçait la France du côté des Pays-Bas avec soixante mille hommes, pendant que le duc de Lorraine avec soixante quinze mille hommes, assiégèrent Metz. Mais Luxembourg obligea le premier à lever le siége de Charleroy, et l'aurait battu dans sa retraite sans l'inflexible opiniâtreté de Louvois, qui ne voulut point qu'il le poursuivit. C'est cette même circonstance qui donna lieu à la haine profonde que le premier ministre porta dans la suite au maréchal.

Le duc de Lorraine, qu'avait déjà battu Créqui, se hâta de regagner l'Alsace, pour ne pas se trouver enveloppé par les armées françaises réunies, qui était postés devant et derrière lui. Ce n'est pas, comme on l'a déjà dit, que ses troupes ne fussent plus nombreuses que celle des deux généraux français ; mais les échecs qu'il avait reçus du seul Créqui lui en faisaient craindre de plus grands, s'il se mettait à portée d'être harcelé et resserré par une nouvelle armée, dont le chef n'était ni moins actif ni moins entreprenant que celui à qui il avait déjà tant de peine à résister.

Créqui le prévint en Alsace, et ne cessa de le battre en détail pendant toute la campagne.

Pendant ce temps-là, Luxembourg, qui n'avait plus d'ennemi en tête, sollicitait la cour de lui permettre d'assiéger Mons ou Bruxelles. Mais le roi lui ordonna seulement de ravager tout les Pays-Bas. Il préférait ce dernier genre de guerre comme plus ruineux pour les peuples, qui, la campagne suivante, seraient dans l'impuissance de payer les impositions, sans le secours desquelles il était impossible aux Espagnols d'entretenir beaucoup de troupes. Le maréchal marcha sur Alost, d'où il fit contribuer tout le Brabant. De là il força le passage qui est entre Bruxelles et Anvers, et s'avança vers la capitale des Pays-Bas, répandant sur la route la terreur et le ravage. Les Espagnols, qui crurent Bruxelles menacée, y jetèrent la plus grande partie de leurs troupes ; ce qui n'empêcha pas le maréchal d'insulter le fort des Trois-Trous, qu'il comptait emporter d'emblée. Mais le détachement de dragons employé à l'attaque du fort fut repoussé après un combat très-vif, dans lequel les Français perdirent environ trois cents hommes. Après cette tentative inutile, le maréchal se porta du côté de Gand ; il s'arrêta dans le pays de Vaës, le plus riche et le plus fertile de ces contrées, il envoya de gros détachements jusqu'aux extrémités de la Flandre Hollandaise, et dans l'île de Cadsant, d'où ils emmenèrent beaucoup d'argent et un grand nombre d'otages. Enfin, après avoir fait subsister l'armée jusqu'au mois de novembre aux dépens de l'ennemi, et dévasté tous les Pays-Bas, le maréchal retourna à la cour. Les troupes avaient souffert si peu de cette expédition, qu'un mois après elles se trouvèrent en état de rentrer en campagne ; et de prendre Saint Guilain, sous les ordres du maréchal d'Humières.

Cependant les armes françaises prospéraient avec le même éclat en Alsace, en Roussillon, en Amérique et en Italie. La guerre se continuait avec succès en Hollande, malgré la défection de Charles II, roi d'Angleterre. Après des faits glorieux, Louis XIV vint commander en personne. Il avait avec lui les maréchaux de Luxembourg, de Schomberg et de Lorges. Il se rendit sous Gand, que le maréchal d'Humières avait investi. Le gouverneur fut obligé de capituler. La perte de Gand fut pour les alliés un coup accablant. Non-seulement leurs magasins, leurs équipages étaient tombés entre les mains des Français, mais la communication leur était coupée avec Ostende et Nieuport, que les Espagnols venaient de confier aux Anglais. Un avenir encore plus triste se présentait à leurs yeux. Louis XIV, devenu maître du haut Escaut et de la Lys, ruinait le commerce des Provinces-Unies ; il s'était ouvert de nouveaux chemins, pour porter encore une fois le feu jusque dans le fond de la Hollande.

Mais il fallait aux Français une armée pour conserver une conquête telle que Gand ; le roi laissa sous l murs de cette place trente mille hommes, dont il donna le commandement au maréchal d'Humières : il conduisit le reste de ses troupes qui montaient encore

Un lieutenant. 7

> cinquante mille hommes, à **Ypres**, que le marquis de la Trousse avait investie.

Ypres n'est distant de la mer que de six lieues; cette ville, quoique considérable, a beaucoup perdu de son ancien éclat: on y comptait autrefois plus de deux cent mille habitants. Cependant sa situation dans le pays le plus fertile des Pays-Bas, son commerce, ses manufactures, et surtout la grandeur de ses fortifications, la faisaient regarder comme une des places les plus importantes qui restait aux Espagnols. Ils y avaient établi une garnison de quatre mille hommes à laquelle les habitants se joignirent par zèle pour le marquis de Conflans, leur gouverneur, et l'un des meilleurs généraux des alliés.

En s'emparant d'Ypres, les vues du roi étaient de courir l'Artois, province qui, depuis la conquête de Saint-Omer, était entièrement soumise à sa domination, d'assurer la communication de toutes ses conquêtes dans les Pays-Bas; de resserrer Ostende et Nieuport, et de rendre impossible, de ce côté-là, la jonction des Anglais avec les alliés.

Au signal donné aux troupes par Luxembourg, elles s'avancent, excitées par les regards du roi, qui s'était rendu à cheval du côté de la citadelle, pour être témoin de l'assaut, qui, dans cet endroit, devait être plus opiniâtre à cause de la force des ouvrages qu'il s'agissait d'emporter. Vingt volontaires des premières maisons du royaume parmi lesquels on comptait des princes de la maison de Savoie et de Lorraine, le comte de Soisson, frère du prince Eugène de Savoie, et le duc d'Elbeuf, qui eut la

,jambe cassée, se mêlèrent avec les grenadiers et les mousquetaires pour combattre au premier rang. Le maréchal les mena lui-même jusqu'aux palissades, tant pour donner ses ordres de plus près que pour encourager le soldat.

L'assaut fut le plus terrible de cette guerre. Car, quoique Luxembourg eût trompé l'ennemi, qui s'était attendu à voir tomber ses premiers efforts sur la gauche, et qu'il eût tourné tout-à-coup sur la droite, il y trouva une résistance incroyable. En moins d'un-quart d'heure tous les officiers des grenadiers tombèrent morts ou dangereusement blessés; le maréchal les remplaça par cinquante mousquetaires, qui marchèrent tête baissée à travers une grêle épouvantable de feu, de plomb, de soufre et de poix brûlante. Les uns portent leurs mousquets à travers les palissades jusque dans le sein des assiégés; les autres, plus agiles, s'élancent par dessus. Le combat devient furieux; on s'égorge sans demander ni recevoir quartier. Enfin Conflans, voyant le nombre des assaillants augmenter, malgré le carnage qu'il en faisait, céda, il se retira, mais avec un ordre et une fierté admirables, dans une place d'armes, aussi bien palissadée que l'ouvrage qu'il abandonnait. Il s'y défendit avec une nouvelle vigueur. Les Français ne s'étaient attendus ni à ce second assaut, ni à une défense aussi intrépide. Ils combattaient à découvert, et se voyaient investis de toute part; le nombre des morts, les cris et les gémissements des blessés, et encore la vue de l'ouvrage qu'il fallait emporter, commençaient à ralentir l'ardeur des plus braves; on aurait échoué sans la présence du maréchal, dont l'exemple et les exhortations firent disparaître l'idée de la mort qui s'offrait partout sous l'image la plus horrible. Les Français se précipitent de nouveau au milieu des dangers les plus affreux; ils arrachent les palissades, et emportent enfin la place d'armes.

Tilladet combattit à gauche avec la même audace, mais il fut repoussé. Le maréchal, attentif à tout, le soutint par un détachement de mousquetaires et de grenadiers à cheval qui, n'ayant pas encore combattu, brûlait de se signaler. Mais tout-à-coup la terre tremble, et s'entrouvre sous les pas de ce nouveau renfort: elle vomit le feu, engloutit les premiers rangs, et ferme le passage aux autres. Cependant les cris de *vive le roi*, qu'on entend à la droite, la honte de reculer, l'arrivée de nouvelles troupes qui viennent partager le danger, enflamment le courage de ceux qui restaient du premier détachement; ils marchent à travers les terres affaissées et sur les cadavres de leurs camarades, joignent l'ennemi, et le chassent de son poste comme à la droite.

Rubantel, qui n'eut pas de si grands obstacles à vaincre, triompha plus aisément, et emporta la contrescarpe de la ville. Cet assaut si sanglant, si furieux, dura deux heures; il coûta la vie à plus de quinze cents Français, l'élite des troupes de la nation; mais il valut la conquête d'Ypres. Conflans n'attendit pas même que le jour parût pour battre la chamade. Quoique le roi sût qu'il ne pouvait pas défendre la place encore plus de six heures; prévenu en sa faveur de la plus haute estime, il lui accorda une capitulation honnête et généreuse. C'est ainsi que la ville d'Ypres changea de maître en moins de huit jours.

Après l'exemple d'une place si forte, défendue avec tant d'art et de valeur, soumise pourtant en si peu de temps, quelle était la forteresse, dans les Pays-Bas, capable d'arrêter le monarque français : c'était sans doute là l'instant de soumettre toutes ces provinces. Si Louis XIV eût eu en effet autant d'ambition que de faste et d'éclat dans le caractère, il l'eût entrepris. Mais, satisfait d'avoir prouvé à l'Europe combien peu il redoutait les menaces des Anglais, il déclara qu'il suspendrait le cours de ses conquêtes jusqu'au 10 mai, pour donner le temps aux alliés d'accepter la paix aux mêmes conditions qu'il avait dictées avant ses dernières victoires. Il retourna ensuite en France, laissant le commandement général de l'armée au maréchal de Luxembourg.

Enfin, après de sanglants combats provoqués près de Mons par le stathouder, qui pourtant connaissait le traité de paix sur lequel on était d'accord, et où Luxembourg mérita bien de la patrie, la paix de Nimègue fut signée par la France, la Hollande et l'Espagne. Ainsi la France conserva une bonne partie de ses conquêtes.

L'Espagne, encore plus inquiétée dans les Pays-Bas, céda la comté de Chiney; mais sa modération ne satisfit point la cour de France; chaque jour voyait éclore contre elle de nouvelles prétentions; on somma les Espagnols de remettre au roi la forteresse de Kuvembourg, le rempart des Pays-Bas, de la Hollande et de l'Allemagne ; sur leur refus, la guerre leur fut déclarée. Mais telle était la supériorité des armes françaises, acquise par les succès de la dernière guerre, que ni l'empereur, humilié par la prospérité de Louis XIV, ni le corps germanique, indigné de l'érection de la chambre de Brizac et de la conquête de Strasbourg; ni la Hollande, ni l'Angleterre, jalouses à l'excès de la puissance du roi, n'osèrent s'unir à l'Espagne pour arrêter la fortune d'un prince si redoutable. Charles II, incapable de résister à un monarque qui avait triomphé de la moitié de l'Europe, céda enfin le duché de Luxembourg. Ce sacrifice lui valut une trève de vingt ans, à laquelle l'empereur et l'empire accédèrent.

Au milieu de ses prospérités, le roi frappa un coup qui étonna toute l'Europe : il révoqua l'édit de Nantes. Cette action, la plus éclatante d'un règne fertile en grands événements, fut diversement interprétée. On n'était pas encore éloigné de ces temps orageux où l'on avait vu l'ambition et le fanatisme élever, dans le même état trône contre trône, autel contre autel, la majesté des lois foulée aux pieds, la France déchirée, inondée de sang. Les uns admiraient les vues et la prévoyance du roi, qui s'étaient servi de toute son autorité pour anéantir une secte docile, à la vérité, sous un gouvernement vigoureux, mais fière, nquiète, séditieuse, lorsqu'elle croyait n'avoir rien à redouter de la faiblesse du ministère. D'autres, au contraire, prétendaient qu'en proscrivant le calvinisme, le roi avait été trompé par de funestes conseils;

qu'il eût mieux valu signer la cession de deux provinces que la révocation d'un édit aussi solennel ; que la partie de la nation engagée dans l'erreur ne le disputait à l'autre qu'en fidélité, en zèle, en soumission, en amour pour le prince et en talents. Quoi qu'il en soit, les protestants, effrayés des violences exercées contre eux pour les faire rentrer dans la religion de leurs pères, désertèrent en foule leur patrie, au nombre de plus de six cent mille. La haine de ces réfugiés contre la France échauffa celle des princes, qui leur donnèrent un asile. Bientôt fut formée, dans l'ombre du secret, la fameuse ligue d'Augsbourg. Bientôt, sur les refus du roi d'Angleterre (Jacques II) de joindre ses forces à celles de l'Europe contre Louis XIV, le prince d'Orange conspira sa ruine. C'était par le puissant génie de Guillaume que les princes du midi au nord s'unissaient ; c'était par son ambition que les Anglais préparaient chez eux une révolution éclatante.

La fortune couronna l'audace en la personne de ce prince. Jacques II ne sut ni prévoir ni arrêter les criminels efforts de son gendre et de ses sujets. Louis XIV, mieux servi, plus éclairé, chercha en vain à exciter la défiance et la vigilance de son allié ; il lui offrit des troupes, mais l'imprudent Jacques, pour ne pas aigrir davantage sa nation, les refusa.

Quoique le prince d'Orange fût déjà sorti des ports de la Hollande avec une nombreuse flotte, il restait encore à la France un moyen de conserver la couronne à Jacques II : c'était d'armer une flotte capable d'arrêter dans le trajet celle des Hollandais. L'actif

Seignelay offrait de mettre en mer quarante vaisseaux; il n'en fallait pas davantage pour détruire
les espérances du stathouder. Mais au lieu de suivre
ce conseil, au lieu du moins de tomber sur la Hollande avec toutes ses forces, pour la forcer de rap-
peler d'Angleterre ses troupes et ses vaisseaux, le
roi, déterminé par le marquis de Louvois, fit une invasion en Allemagne. M. le Dauphin, à la tête d'une
armée de soixante-dix mille hommes, conquit Philipsbourg..

Cette expédition, inutile au roi Jacques, acheva de
mettre le comble à la haine et à la jalousie de tous
les princes de l'empire. Tous se réunirent contre la
France. Louis XIV fut déclaré solennellement ennemi
de l'empire à la diète de Ratisbonne. Cependant le
prince d'Orange triomphait; déjà il était assis sur le
trône de son beau-père. Son premier soin fut d'unir
par des nœuds indissolubles ses nouveaux sujets et
ceux des états généraux. Sa politique le servit si
bien, que sous son règne et celui de la reine Anne,
qui lui succéda, on eût dit que les Anglais et les
Hollandais ne composaient qu'une seule nation.

Déjà le feu de la guerre s'était communiqué de
l'Allemagne à la Hollande, à l'Espagne et au Danemarck. L'Italie paraissait vouloir prendre part à la
querelle générale de l'Europe; le duc de Savoie,
maltraité par le marquis de Louvois, n'attendait
qu'une occasion favorable pour éclater. Déjà les alliés
comptaient sous leurs drapeaux plus de trente mille
réfugiés français qui brûlaient de venger leurs injures dans le sang de leurs compatriotes. Le roi avait

des armées en Alsace, dans les Pays-Bas, en Roussillon, sur les côtes maritimes. Créqui était mort;
Schomberg s'était rangé sous les étendards de l'usur-
pateur d'Angleterre, et on ne parlait non plus d'employer Luxembourg que s'il eût cessé d'exister. Sans
les événements malheureux de la campagne de 1689,
il est vraisemblable que ce général eût été condamné
à passer le reste de sa vie dans les tranquilles amu-
sements de la cour.

En effet, la haine n'avait jamais été plus vive entre
M. de Louvois et lui. Le maréchal censurait hautement avec ses amis l'imprudence avec laquelle Louvois avait attiré sur la France les forces de toute
l'Europe; il relevait sans cesse toutes les fautes qu'on
lui reprochait. Louvois, de son côté, se vengeait en
l'écartant du commandement; mais, malgré tout son
crédit, c'était le seul chagrin qu'il pût alors lui donner : il n'avait pu empêcher le roi de le pourvoir du
gouvernement de Champagne, de l'honorer du collier
de ses ordres, et d'ériger en faveur de son fils aîné
la terre de Beaufort en duché héréditaire, sous le
nom de Montmorenci. Mais ces grâces, qu'il eût été
difficile de refuser aux anciens services de Luxembourg, ne le mettaient point à portée d'en rendre de
nouveaux. Il se croyait tellement exclu de la conduite
des armées, qu'il ne fit pas la plus légère démarche
pour obtenir de les commander.

Qu'on juge de sa surprise, lorsqu'au commencement de l'année 1690, l'ayant appelé dans son cabinet, le roi lui annonça qu'il avait jeté les yeux sur lui

7.

pour commander son armée de Flandres. Le maréchal fut si étonné, qu'il recula deux ou trois pas.
*Moi, SIRE, commander vo're armée de Flandres ! Votre
Majesté a-t-elle bien réfléchi à ce choix ?* — Eh ! *qu'a-
t-il donc qui doive vous surprendre ?* répondit le prince,
inquiet de sa résistance ? *N'avez vous pas déjà commandé mes armées en chef, et n'êtes-vous pas encore
capable de me rendre les mêmes services ?* — SIRE,
reprit Luxembourg, *je suis prêt à verser pour vous
jusqu'à la dernière goutte de mon sang. Mais vous n'i-
gnorez pas la haine dont M. de Louvois est prevenu
contre moi; il s'opposera à mes projets, ou bien il les
fera échouer...* — *Je vous réconcilierai avec lui.* — *Non,
SIRE, la réconciliation est désormais impossible : si
vous me l'ordonniez, je me verrais forcé de désobéir
à vos ordres.* — *Je ne prétends pas,* répondit le monarque, *contraindre vos sentiments; mais j'obligerai
Louvois de sacrifier au bien de mon service la haine
qu'il a pour vous.* — SIRE. s'écria le maréchal, *je me
rends, je me soumets à vos ordres. Cependant j'ai encore une grâce à demander à Votre Majesté; c'est qu'il
me soit permis, dans les affaires importantes, de ne
m'adresser qu'à Votre Majesté, sans passer par le canal
de M. de Louvois.*

Le roi consentit volontiers à la proposition du maréchal; il entretint avec lui, pendant toute la guerre,
un commerce de lettres qui donne la plus haute idée
de l'application, des lumières, de la bonté et de la
modestie de ce prince. Si quelquefois il ne pense pas
comme le maréchal sur les opérations de la guerre,
s'il propose d'autres projets, ce n'est qu'avec tous les

égards, les ménagements et la défiance imaginable.
Il cède presque toujours aux vues et aux raisons de
son général, qu'il regardait comme celui de toute
l'Europe qui entendait le mieux la guerre de la campagne. Toutefois, malgré l'estime et la confiance du
roi, Luxembourg eut de grands obstacles à vaincre
de la part des ministres.

Quoique la France n'eût jamais été gouvernée par
un prince plus sage, plus appliqué, plus laborieux,
quoiqu'il fût secondé par Luxembourg, Catinat et
Louvois, il faut avouer qu'elle n'eût jamais pu soutenir le poids d'une guerre si accablante, si Louis XIV
n'eût trouvé dans ses sujets, non-seulement une soumission à toute épreuve, mais un courage, un zèle
pour la gloire et le salut de l'Etat égal à ceux des anciens Romains pour la patrie. Les chefs de la ligue
n'avaient pas seulement pour perspective dans cette
guerre, comme dans la précédente, d'humilier, d'affaiblir Louis XIV ; leur ambition, excitée par celle du
prince d'Orange, aspirait à la conquête de la France,
ils voulaient pénétrer dans le sein du royaume, soulever les nouveaux convertis, dont le nombre excédait
celui de deux millions, démembrer enfin et partager
entre eux la plus ancienne et la plus puissante mo-
narchie de l'Europe.

Les succès dont la fortune les avait favorisés, la
dernière campagne, ne contribuaient pas peu à leur
inspirer des idées si fières. En Alsace, le maréchal de
Duras n'avait pu les empêcher de passer le Rhin, de
dissiper les troupes que le cardinal de Furstemberg
avait levées pour le service du roi, et de saccager

Beyservets, Bonn et Mayence. Les exploits de l'armée qui leur fut opposée se réduisirent à la destruction du Palatinat, dont elle ne fit qu'un monceau de cendres et de ruines. On sait que ce fut M. de Louvois, dont l'âme semblait devenir tous les jours moins susceptible de pitié, qui conseilla au roi de ne faire qu'un désert du plus fertile pays de l'Allemagne, afin, disait-il, de mettre une barrière entre l'Alsace et l'ennemi.

Dans les Pays-Bas, le maréchal d'Humières fut battu à Valcourt par le prince de Valdeck. Le marquis de Castanaga, gouverneur général des Pays-Bas, força, de son côté, les lignes qui s'étendaient de l'Escaut à la Lys, et soumit la Flandre française à de grandes contributions. Le marquis de Louvois, accoutumé à de perpétuels succès, fut le premier à blâmer la conduite des généraux, et surtout celle du maréchal d'Humières son ami. Etait-ce pour le dépouiller du commandement? Non, il voulait seulement le rendre plus souple et plus complaisant. Mais ses discours firent sur l'esprit du roi une impression à laquelle il ne s'était pas attendu. Quoique Louis XIV affectât de ne point paraître étonné des menaces et des efforts de l'Europe conjurée contre lui, il connaissait trop le danger auquel le royaume était exposé, pour ne pas en confier la défense au guerrier qu'il estimait le plus. C'était pour n'avoir rien à se reprocher qu'il avait choisi Luxembourg, que la voix publique lui désignait depuis longtemps. Soit que l'amour de l'Etat l'emportât chez Louvois sur le ressentiment (car enfin rien n'empêche de

croire que la haine soit généreuse dans un grand
homme), soit seulement qu'il cherchât à plaire au
roi, il fit solliciter le maréchal de lui rendre son amitié. On l'a déjà dit, personne ne savait oublier une
injure comme Luxembourg ; mais, aigri par le souvenir de sa prison, il répondit qu'après les outrages
qu'il avait reçus du marquis de Louvois, il ne pouvait
le regarder comme son ami, mais que, par amour
pour l'Etat, il vivrait bien avec lui. Il n'en fallut pas
davantage pour rendre au marquis de Louvois toute
son animosité.

X

Avant d'entrer dans le detail de la campagne, il convient d'exposer aux yeux du lecteur les forces et les vues des alliés et des Français.

Les alliés, encouragés par les avantages de la dernière campagne, avaient formé le projet de pénétrer de tous côtés dans le royaume. C'est dans ce dessein qu'ils avaient rassemblé des forces redoutables ; en Alsace, l'électeur de Bavière devait faire la conquête de Philipsbourg, que le dauphin avait pris en 1688, et transporter ensuite le théâtre de la guerre des rives du Rhin sur celles de la Moselle.

Mais c'était surtout dans les Pays Bas qu'on avait préparé de grands événements. Le prince de Valdech, à la tête d'une armée de trente cinq mille hommes, avait ordre de prendre Dinan et Philippeville, pour s'ouvrir les chemins de la Champagne ; l'armée de Brandebourg, composée de dix huit mille hommes, devait favoriser ses opérations ou le joindre.

Pendant ce temps-là, le marquis de Castanaga, à la tête d'une armée d'Espagnols, de Valons et d'Hanovriens, devait forcer les lignes qui couvrent la Flandre française, la ravager et tenir en échec les troupes qu'on lui opposerait. Le prince d'Orange, quoiqu'il eût encore l'Irlande à conquérir pour se voir paisiblement possesseur de la dépouille de son beau-père, lui envoya un corps de douze mille Anglais.

Du côté des Pyrénées, les Espagnols avaient promis d'attaquer le Roussillon. L'exécution de tous ces projets devait être favorisée par une puissante diversion. Le duc de Savoie, engagé secrètement dans la ligue, ne voulait se déclarer qu'au milieu de la campagne, afin de surprendre et d'envahir le Dauphiné. Quoique Louis XIV se vît attaqué dans un temps où son royaume était affaibli par la désertion d'une multitude de protestants, presque tous officiers, soldats, matelots, négociants, artisans ; quoique à cette perte, la plus grande que puisse faire un Etat, on doive joindre celle du numéraire emporté par les réfugiés ; quoiqu'il eût déjà été réduit à fondre les chefs-d'œuvre de l'art en meubles et en vaisselle d'or et d'argent qui embellissaient ses palais ; quoique, enfin, il ne comptait pas un seul allié, telles étaient les ressources, la fierté, le courage de ce prince, que non-seulement il espérait anéantir partout les efforts de ses ennemis, mais qu'il avait entrepris de détrôner le duc de Savoie, dont il avait pénétré la haine et les desseins. Il faut avouer que depuis Mithridate, l'histoire n'offre point de spectacle plus grand, plus intéressant, que celui du monarque français, luttant contre toutes les nations de l'Europe, attaquant celles-ci, arrêtant celles-là, et les bravant toutes.

Tel fut le plan auquel il se fixa : trente mille hommes devaient se rendre en Italie sous les ordres de Nicolas de Catinat, parent du marquis de Louvois, homme qui justifia le choix de son maître par des victoires éclatantes. Il avait ordre d'exiger du duc de Savoie la capitale de ses États; et, sur son refus, d'envahir le Piémont et la Savoie. Le duc de Noailles, avec une armée inférieure, devait se tenir sur la défensive. Comme le principal objet du roi était de sauver Philipsbourg, il se vit obligé de donner au dauphin, chargé de la défense de l'Alsace, une armée égale et même supérieure à celle de l'électeur de Bavière; enfin, soit pour conserver au roi Jacques l'Irlande, soit pour entretenir une guerre ruineuse pour l'Angleterre, il envoya dans cette île une armée de quinze à vingt mille hommes, il en établit autant sur les côtes de son royaume.

Toutes ces dispositions faites, il ne lui restait plus qu'environ soixante mille hommes dans les Pays-Bas; mais les ennemis devaient en avoir au moins cent mille. Louis XIV, réduit à la défensive sur cette rontière, la plus importante du royaume, distribua

ainsi ses forces. Il destina à Luxembourg trente-
cinq mille hommes, au maréchal d'Humières dix
mille pour garder les lignes ; et au marquis de Boufflers quinze mille, pour faire tête à l'armée de Brandebourg, qu'on attendait sur la Meuse.

Lorsque le maréchal vint prendre congé du roi, ce
prince lui dit qu'il n'ignorait pas que le genre de
guerre auquel il allait être assujetti était le plus
opposé au caractère des Français, et le plus accablant pour les peuples de la frontière; mais qu'il avait
une si grande confiance en ses talents, qu'il espérait
qu'il arrêterait partout l'ennemi. Les succès du maréchal surpassèrent les espérances du roi.

Le maréchal n'était pas sorti de Paris, qu'il avait
déjà formé le projet de rendre la supériorité aux Français, et de prendre l'offensive. Entré dans les Pays-
Bas, il force le général espagnol à se renfermer dans
Gand, puis passant à l'est, il bat Flodorf et se dirige
vers Fleurus, où l'attendait Valdeck.

Le premier soin du maréchal fut de se saisir du
village de Fleurus, où il jeta six bataillons; l'armée
s'avança ensuite sur l'ennemi dans un ordre et un
silence admirable ; elle essuya tout le feu de l'artillerie ennemie; sans ralentir un instant sa marche.
Le prince de Valdeck commandait le centre des alliés,
c'était un prince de Nassau qui était à la droite; la
gauche obéissait à un autre Nassau, stathouder de
Frise.

Une partie de l'infanterie hollandaise s'était jetée
dans la gauche ; Luxembourg les fait investir pour se
porter sur un corps d'environ douze mille hommes

d'infanterie qui se retirait lentement et dans le plus bel ordre. La cavalerie qui soutenait ce corps fut vaincue et dissipée en quelques minutes. Mais l'infanterie, abandonnée et enveloppée de toute parts, se range audacieusement en bataillon carré, pour soutenir le choc de toute l'armée victorieuse. Luxembourg, qui voulait ménager le sang des siens, envoya chercher de l'artillerie pour la rompre. En attendant qu'elle fût arrivée, le désir de sauver tant de braves gens qu'il voyait prêts à périr le détermina à les faire sommer de se rendre. Le général qui les commandait répondit qu'il voulait mériter l'estime d'un aussi grand homme que M. de Luxembourg, en mourant les armes à la main.

Luxembourg, quoiqu'à regret, donna donc le signal d'un nouveau combat; l'artillerie n'eut pas plutôt ouvert un chemin à travers ce corps d'infanterie, que la cavalerie s'y jeta le sabre à la main. Jamais infanterie ne combattit avec plus d'intrépidité que celle des alliés; elle se maintint sur le champ qu'elle occupait, jusqu'à son entière destruction; trois mille hommes furent tués dans les rangs qu'il occupait, quatre mille se sauvèrent couverts de blessures, et le reste fut pris. A la vue de tant de fierté et de courage, le maréchal ne put s'empêcher de dire, qu'avec une infanterie telle que celle qu'il venait de tailler en pièces, et la cavalerie française, il entreprendrait la conquête de l'univers. Les troupes bloquées dans les châteaux et les villages tombèrent au pouvoir du vainqueur.

Ainsi finit la bataille de Fleurus, l'une des plus

éclatantes et des plus complètes que la France ait jamais remportée, et la plus belle de toutes celles qui ait illustré le maréchal de Luxembourg.

Les premiers soins de Luxembourg, après la fuite des alliés, furent pour les blessés, dont il visita et consola les principaux, sans distinction d'amis et d'ennemis ; il traita les prisonniers avec tous les égards et la générosité dont un vainqueur peut être capable.

L'électeur de Brandebourg, Valdeck, et l'espagnol Castanéga réunirent leurs efforts pour accabler Luxembourg. Celui-ci avait envoyé une partie de ses troupes sur la Moselle ; néanmoins, sous les yeux des ennemis, qui n'osèrent l'attaquer, il prit et démentela les villes de Lessines, de Grammont, de Soignies, de Ninove ; il n'y avait point de jour que les détachements et les partis français n'enlevassent des convois, des prisonniers et des chevaux. Le maréchal, sans sortir de son camp, prévint partout les alliés, et déconcerta toutes les mesures.

Cependant Catinat se couvrait de gloire en Italie, et les flottes d'Angleterre et de Hollande étaient battues par la France. En Irlande toutefois elle perdit la bataille de Boyne, qui donna à Guillaume plus de crédit parmi les alliés

Cependant ils apprennent que Luxembourg est devant Mons ; et bientôt cette ville est prise. Les alliés et surtout Guillaume s'étaient flattés de pénétrer en France ; mais le maréchal sut les tenir en échec. Le roi d'Angleterre, honteux de ne rien faire, remit le commandement de l'armée à Valdeck et se retira.

Luxembourg ayant su que Valdeck, à cause de l'é-
loignement de l'armée française, ne se tenait point sur
ses gardes, accourt à Leuse, et remporte sur lui une
victoire signalée.

Le reste de la campagne ne fut célèbre que par la
défaite d'une partie de la cavalerie du général Flem-
ming. Après avoir pourvu au salut de la frontière, le
maréchal se rendit à Versailles. Le roi le reçut avec
l'accueil le plus distingué. Louvois était mort, dit-on,
à la veille d'une disgrâce éclatante. Quoi qu'il en
soit, le maréchal avoua que c'était une perte pour
l'Etat. Le roi ouvrit la campagne de 1692 par le siége
de Namur.

Le 20 mai, les armées s'ébranlèrent tout à la fois.
Luxembourg, à la tête de la sienne, cotoya et proté-
gea celle du roi jusqu'à ce qu'elle eût entièrement
investi Namur.

La situation seule de Namur, au confluent de la
Sambre et de la Meuse, la rend une des plus fortes
places de l'univers ; par elle les alliés, maitres de ces
deux rivières, pouvaient également arrêter les Français sur les Pays-Bas, la Hollande et la basse Allemagne, et porter la guerre sur les frontières de la
Champagne. Ils avaient épuisé toutes les ressources
de l'art pour seconder la nature. C'était Cohorn, l'Ar-
chimède de la Hollande, qui avait ajouté de nouveaux
forts aux anciens ; il s'y était enfermé lui-même, résolu de sauver la place ou de s'ensevelir sous ses
ruines. Le prince de Barbançon, gouverneur de la
province, avait le suprême commandement de la ville;
la garnison, composée de l'élite des troupes des

alliés, montait à dix mille hommes; enfin toute l'Europe regardait cette expédition comme la plus éclatante et la plus difficile qu'eût jamais entreprise Louis XIV; cependant la force de la place, le nombre et le courage de ses défenseurs, l'art de Cohorn ne furent pas les obstacles les plus terribles que les Français eurent à vaincre; il fallut combattre contre la disette, l'intempérie de l'air, des pluies froides et continuelles, tous les éléments qui semblaient s'être déclarés en faveur des alliés.

Pendant que le roi ouvrait la tranchée devant Namur, Luxembourg campait à la source de la Méhaine, petite rivière inconnue jusqu'alors, et que ses mouvements ont rendu célèbres. Ce fut de ce camp qu'il détacha le comte de Montal avec quatre mille chevaux à Longchamp et à Jennevaux, pour veiller sur l'ennemi, qui aurait pu inquiéter les assiégeants; il donna un pareil nombre de troupes au comte de Coigni, tant pour contenir la garnison de Charleroi, que pour protéger les convois que l'une et l'autre armée tiraient de Maubeuge.

Après le départ de ces deux corps, Luxembourg comptait encore sous ses drapeaux cinquante mille hommes; mais il fallait en arrêter près de cent mille qui s'assemblaient sous Bruxelles.

Guillaume ne faisait que d'arriver en Hollande, lorsqu'il apprit que l'Angleterre était menacée par une armée française qui y conduisait Jacques II. Il transmit ses ordres à son épouse qui, en les exécutant fidèlement, conserva le trône à son époux. Pour lui, quand il arriva vers Namur, Louis XIV avait pris toutes ses dispositions pour le siége ; Luxembourg l'empêcha de passer la Méhaine , et la ville finit par céder à la valeur française.

Luxembourg se dirigea alors vers Soignies, où l'armée, qui avait beaucoup souffert, se trouva dans une extrême abondance de vivres et de munitions. La pureté de l'air, la bonté des eaux, le repos et les soins du maréchal, achevèrent de la rétablir.

Cependant le roi Guillaume s'était approché du maréchal, feignant toujours de n'être occupé que de l'idée d'un siége. Luxembourg était persuadé qu'il tenterait plus tôt l'événement d'un combat. Toutefois, pour n'avoir rien à se reprocher, il jette des troupes dans Dunkerque et Calais, que les flottes victorieuses d'Angleterre et de Hollande bloquaient ; il ordonne au marquis de Boufflers de renforcer la garnison de Namur de dix bataillons, et de venir sur la Lys avec le reste de son corps, pour être à porté de le joindre, supposé que les alliés l'attaquassent.

Guillaume résolut enfin de surprendre Luxembourg, et, comptant sur une ruse ourdie avec adresse, il se met en marche. Luxembourg, trompé par son espion, crut que c'était une feinte, et que toute l'armée ennemie n'arrivait pas ; aussi ne se tint-il point sur ses gardes. Enfin on vient lui dire que les alliés, laissant Sainte-Renelle à gauche, prenaient la route de Steinkerque, ou il se trouvait ; tout malade qu'il est, Luxembourg se lève, s'habille et monte à cheval, il s'avance sur la hauteur entre Rebech et Sceinkerque, d'où il aperçoit le plus grand et le plus terrible spectacle : une armée de quatre-vingt mille

hommes qui marchait à lui avec autant d'ordre que
de fierté.

Dans de si terribles circonstances, il n'y avait que
des prodiges de génie, de valeur et d'activité qui
pussent garantir l'armée française de sa ruine.
Luxembourg, sans laisser apercevoir sur son front
et dans ses yeux le plus léger nuage d'inquiétude et
d'embarras, fait ses dispositions en présence de tous
les officiers-généraux qui l'accompagnaient. Son armée n'avait point de champ de bataille : il lui en
assigna un à la tête du camp : il le forme sur un
terrain entrecoupé de fossés, de haies et de petites
maisons, persuadé que l'ennemi dirigera sa principale attaque contre le village de Steinkerque ; il remplit les avenues de ce village de l'élite de son infanterie ; sa gauche pouvait être tournée et enveloppée
à la faveur des bois, elle est sur le champ renforcée
d'une brigade d'infanterie ; Luxembourg, embras-
sant tous les objets à la fois, mande à Boufflers d'ac-
courir avec la cavalerie et les dragons ; il donne ordre
au duc du Maine, qui commandait la cavalerie de la
gauche, d'avancer jusqu'au-dessus d'Enghien, et d'y
attendre l'ennemi en bataille, pour tomber sur lui,
lorsqu'il l'aurait lui-même repoussé et chassé devant
Steinkerque.

Cependant il y avait plus de deux heures que les
alliés foudroyaient l'armée française de toute leur
artillerie. Le maréchal ne pouvait y répondre, parce
que son artillerie n'arriva qu'à l'instant même que
l' ti commença, c'est-à-dire sur les neuf heures

du matin; il la distribua avec la même supériorité que son armée.

Jamais général n'avait fait en si peu de temps de si belles dispositions; mais, quoique la rapidité avec laquelle elle fut exécutée tint du prodige, le maréchal eût été battu, si le prince d'Orange, à la sortie des défilés, au lieu de ranger ses troupes en bataille, les eût menés aux Français distribuées comme elles étaient en colonnes; le choc des colonnes eût ouvert, pénétré et séparé notre armée, qui jamais n'eût pu se rallier. Cet excès de sagesse est la seule faute qu'on puisse reprocher au prince d'Orange dans cette fameuse journée. Mais on n'en faisait pas impunément devant le maréchal; lui laisser le temps de se reconnaître, c'était lui abandonner la victoire. Telle était la confiance qu'il avait en ses troupes, que dès qu'il les eût vu en état de combattre, il se regarda comme victorieux.

Les commencements de l'action ne furent pourtant rien moins qu'avantageux. Virtemberg, après quelques succès, s'empare d'une batterie de dix pièces de canons, qu'il pointe aussitôt contre l'infanterie française.

Cependant l'ordre d'attaquer avec la pique et l'épée avait été reçu des officiers et des soldats des deux régiments des gardes avec transport : ils l'exécutèrent avec une gaîté qui caractérise le génie de la nation française : en marchant à l'ennemi à travers un déluge de plomb et de feu, les uns chantaient, les autres riaient et plaisantaient. Après l'action hardie et brillante du corps de Virtemberg, il n'y avait per-

sonne qui ne s'attendît de sa part à la plus terrible
résistance ; mais soit que les alliés fussent épuisés de
la longueur et de la fureur du combat, soit qu'ils fussent étonnés de l'audace avec laquelle les Français,
dédaignant les armes à feu, marchaient à eux, il est
constant qu'ils ne soutinrent pas dans ce nouveau
combat la gloire qu'ils venaient d'acquérir. Il n'y eut
de danger pour les Français qu'en franchissant l'in-
tervalle qui les séparait de l'ennemi : en effet, ils
n'eurent pas plus tôt arraché les chevaux de frise,
qu'ils s'élancent, se précipitent dans les rangs, furieux
et ne respirant que le sang. Les Anglais et les Danois
ne s'abandonnèrent pas, à la vérité, à une fuite
honteuse, mais ils se laissèrent égorger sans se défendre et sans demander quartier : de sept mille hommes
que Virtemberg avait conduits au combat, il ne s'en
sauva peut-être pas cent. Non-seulement on reprit le
canon qu'on avait perdu, mais on s'empara encore
d'une batterie qui appartenait à l'ennemi.

Luxembourg, sans donner à l'ennemi le temps de
se reconnaître, le poursuit et se précipite dans les
défilés dont il était sorti pour combattre. Là cavalerie des alliés tenta en vain les plus grands efforts
pour soutenir son infanterie vaincue; les bataillons
que le maréchal avait jetés dans les haies dont ils
s'étaient emparés, la repoussèrent toujours et la mirent en désordre.

Pendant qu'on combat avec tant de gloire et de
succès sous Steinkerque, il se livrait des actions
sanglantes le long du front des deux armées. Il y eut

autant d'actions remarquables qu'il y eut de haies
et de ravins à franchir, mais les Français furent
toujours victorieux. Le maréchal poursuit les vaincus
par les chemins qu'ils avaient suivis en arrivant,
avec tant d'ordre et de vivacité, qu'il leur fut impossible de se rallier.

Luxembourg usa de la victoire comme à Fleurus :
non-seulement il prodigua aux blessés des vaincus les
mêmes soins qu'aux siens, mais il permit à ceux qui
pouvaient soutenir le mouvement de la voiture de retourner au camp.

Cependant Guillaume ébranle toute l'Europe, pour
accabler la France sous le poids de sa haine et de sa
puissance. Luxembourg, plus heureux que lui dans
ses projets, faisait bombarder Charleroi par le marquis de Boufflers. Guillaume accourut, mais ce ne fut
que pour avoir la douleur d'être témoin de la ruine
de Charleroi. Quelques efforts qu'il fît, soit pour atti-
rer le maréchal à une bataille, soit pour approcher du
corps de Boufflers, Luxembourg, par le seul choix
de ses camps, l'arrête partout : le bombardement dura
huit jours ; Boufflers ne se retira qu'après avoir abîmé
une partie de la ville et des fortifications.

Tels furent les événements de la campagne en
Flandre : ils furent presque aussi avantageux en
Alsace.

Louis XIV eût désiré la paix; mais les alliés voulaient la dicter. Le roi songea alors à aller attaquer et
poursuivre Guillaume lui-même jusque dans la joie,
mais ce plan fut changé, et l'on alla se faire repousser
d'Allemagne.

Cependant le roi, plus heureux aux Pays-Bas, tourna de ce côté-là toutes ses espérances. Le 8 juillet 1693, le maréchal décampa de Meldert pour se rendre à Halyssem sur le Jaar. Cette marche était audacieuse ; il s'agissait de repasser la Ghéete en présence des alliés. Telles furent les dispositions du maréchal, que Guillaume, qui s'était approché avec soixante escadrons pour charger l'arrière-garde, demeura tranquille spectateur de la retraite. Ces manœuvres hardies et savantes avaient inspiré une si grande confiance aux Français, qu'il n'y avait point de jours qu'il n'éclairât la défaite d'un parti, d'un détachement ou la prise des convois. Les alliés étaient si rebutés de ces mauvais succès, que dès qu'ils voyaient des troupes françaises, ils prenaient la fuite.

Luxembourg marche vers Hui, et prend cette ville en quatre jours. Ensuite, feignant d'aller assiéger Liége, il se dirige vers Newinde, où était le camp des alliés. Guillaume, en une nuit forme un retranchement redoutable garni de cent pièces de canons et de soixante mille hommes. Luxembourg attaque les villages de Néerlaudem et de Nerwinde. Le combat avait commencé à six heures ; à midi, après une alternative de succès et de revers, rien n'était fait. Alors Luxembourg prit de nouvelles dispositions. Il se mit lui-même à la tête des troupes destinées à l'attaque de Nerwinde. Tout plie sous ses coups ; il presse l'ennemi, il le poursuit au milieu des plus affreux périls ; déjà il avait eu un cheval tué sous lui, un autre blessé. Les officiers, effrayés pour les jours d'un général dont le salut de l'armée dépendait, le pres-

sent en vain de ménager une vie si précieuse à l'état.
Envain le duc de Montmorency, plus effrayé encore,
le conjure de s'arrêter. A l'instant même part des
retranchements ennemis une horrible décharge ; tout
ce que put faire Montmorency, ce fut de se jeter sur
le maréchal et de le couvrir de tout son corps ; la piété
du fils sauva le père. Montmorency fut atteint à
l'épaule d'une balle qui allait déchirer le maréchal.
Quelques minutes après Luxembourg eut la douleur
de voir emporter son second fils, qui le mit depuis hors
d'état de servir.

Dans ces terribles instants, le maréchal oublie qu'il
est père, pour ne se souvenir que des devoirs du général. Il parut dans cette sanglante journée quelque
chose de plus qu'humain ; volant partout, encourageant
tout, conduisant lui-même les bataillons et les escadrons à la charge. Il parvint enfin à se rendre maître
des deux villages dans le temps que tous désespéraient
du succès.

Cet avantage était grand, mais il n'était pas encore
décisif : en effet, le roi Guillaume, qui avait arraché
deux fois la victoire des mains des Français, prend
l'élite des troupes du retranchement, et les mène lui-
même contre Luxembourg. Il y avait long-temps que
l'ardent Feuquières épiait ce mouvement ; cependant
il se contint jusqu'à ce qu'il eut vu le roi Guillaume
trop éloigné pour revenir au secours de ses lignes.
Alors il ordonne au marquis de Créqui de pénétrer
avec l'infanterie par un endroit qui n'était fermé que
par des chariots ; lui-même le suit avec la cavalerie ;
il attaque, il renverse les escadrons qui se présentent

à lui, il se forme au-delà de l'enceinte, prêt à attaquer en flancs et en queue les troupes que Guillaume menait à Nerwinde. Le maréchal, en apprenant ce succès, redouble d'efforts; il emporte enfin les dernières haies. Le régiment des gardes suisses força la partie du grand retranchement qui tenait au village de Nerwinde. Aussitôt le maréchal de Villeroi, le duc de Chartres entrent avec la maison du roi dans la plaine, mais ils eurent de la peine à s'y établir.

Ce corps invincible ne fut pas plutôt formé, que la victoire fut décidée. En moins de quelques minutes, la cavalerie des alliés fut enfoncée et mise en déroute.

Trois mois après la victoire de Nerwinde, le maréchal se rendit maître ce Charleroi.

Un trait nous fera connaître combien le maréchal était aimé du soldat. Après la bataille, Luxembourg remarqua un soldat du régiment des gardes françaises qui quittait son corps: « Où vas-tu? » lui dit le maréchal. « Mourir à quatre pas d'ici, » lui répondit le soldat entr'ouvrant son habit pour lui faire voir une blessure mortelle: « mais je bénis le ciel d'avoir perdu la vie pour mon prince, et d'avoir combattu sous un aussi digne général que vous. A l'article de la mort où je suis, je peux vous assurer qu'il n'y a aucun de mes camarades qui ne soit pénétré du même sentiment. »

Cependant en Italie, le maréchal de Catinat gagnait la mémorable bataille de la Marsaille, le maréchal de Noailles s'emparait de Rose en Catalogne; le maréchs de Tourville battait, prenait ou coulait à fond une flotte de quatre-vingts vaisseaux marchands, anglais et hollandais entre Lagos et Cadix. Enfin les habitants de la Martinique repoussaient les Anglais qui avaient entrepris la conquête de leur île.

La reconnaissance publique était partout sous les pas du vainqueur de Fleurus, de Leuse, de Steinkerque et de Nerwinde: la capitale, les provinces retentissaient partout au bruit de ses exploits ; les princes du sang, comme on va le voir par le trait suivant, ne dédaignaient pas d'être eux-mêmes les héros de sa gloire.

Au retour de la campagne, le maréchal s'était rendu avec les princes à Notre-Dame, pour assister à la cérémonie du *Te Deum*, en action de grâces de la victoire remportée à la Marsaille. Le vaste vaisseau de la cathédrale était rempli d'une multitude innombrable de citoyens qui, à l'arrivée des princes et du maréchal, se précipitent les uns sur les autres, pour voir les défenseurs de l'état. Il était impossible de percer la foule et de gagner le chœur; le prince de Conti prend le maréchal par la main, en criant: Place, place au tapissier de Notre-Dame. » Cette qualité était certainement due au maréchal qui avait orné les voûtes du temple de plus de trois cents drapeaux ou étendards, arrachés aux plus belliqueuses nations de l'univers, non dans des villes, dont les garnisons s'étaient lâchement rendues prisonnières de guerre, mais sur le champ de bataille et dans le sein de la victoire. Les citoyens, en applaudissant aux paroles du prince, ouvrirent le passage au tapissier de Notre-Dame.

Au reste, les éloges et les acclamations du public étaient la seule récompense des travaux du maréchal ; ses victoires ne lui avaient procuré à la cour ni plus de crédit ni plus de valeur.

Le roi, qui aurait voulu la pacification générale, en présenta un plan aux alliés ; mais, voyant que sa modération et ses sacrifices ne faisaient aucune impression sur ses ennemis, il prépara en Flandre la plus vigoureuse campagne ; il adopta toutes les vues de Luxembourg, il partagea ainsi ses forces : il forma sur le Rhin et en Savoie deux armées à peu près égales à celles de l'ennemi ; il en destina une en Catalogne au maréchal de Noailles, supérieure à celle de l'Espagne ; car ce prince, qui ne pouvait plus espérer de porter des coups mortels à la ligue en Hollande, voulait au moins lui faire éprouver, du côté de l'Espagne, combien il était redoutable.

D'après ce plan, il ne lui fut pas possible d'envoyer en Flandre une armée qui égalàt la moitié des troupes alliés, mais, pour encourager le soldat, il déclara monsieur le dauphin généralissime.

L'armée vint camper le 19 juin, entre Liége et les alliés, de là à Saint-Tron, où elle resta jusqu'au 11 juillet, dans une abondance incroyable, aux dépens du pays ennemi. Guillaume, déconcerté des marches savantes du dauphin, inquiet sur la destinée de Liége, de Mæstricht et de Mazeich, qu'il voyait également menacée, se hâta de jeter de nouvelles troupes dans

le camp retranché de Liége, et d'en construire deux
autres sous les villes de Mæstricht et de Mazeich.

Malgré ses forfanteries, Guillaume n'osait attaquer
Luxembourg. Enfin il s'ébranle et vient camper à
Taviers, dans le dessein de couper à l'armée française
les communications avec Hui et Namur, d'où elle tirait
ses convois. Mais le dauphin, qui avait pénétré les
vues de l'ennemi, les déconcerta en venant se poster
à Vignamont, à deux lieues de son aile droite; par
ce mouvement audacieux, il était toujours entre
l'armée des alliés et le camp de Liége.

Le Dauphin, aidé de l'expérience du maréchal, mit
un si bel ordre dans cette armée qui, suivant Guillaume, devait périr par la faim, ou faire une retraite
funeste, qu'elle vécut jusqu'au 18 août dans l'abondance; ce fut le roi d'Angleterre lui-même, qui, faute
de substances, se vit obligé de décamper le premier.
Confus, désespéré, il voulut frapper un grand coup
par la prise de Dunkerque; mais l'armée française, par
une des plus belles marches dont il soit parlé dans
l'histoire ancienne et moderne, le prévint, et l'obligea
de renoncer à un projet sur lequel il fondait tant
d'espérances.

Ainsi, par l'habileté du dauphin et du maréchal, la
France fut préservée d'une invasion.

Enfin Luxembourg, après avoir fortifié Courtray,
et mis les lignes en sûreté, se rendit auprès du roi,
qui le reçut avec des caresses extraordinaires. Toute
la cour retentissait de ses louanges. L'envie, la haine,
la calomnie s'étaient tués devant ses victoires et ses
vertus; il était prêt à jouir du sort des Turennes, qu'il

avait mérité par tant de travaux et d'exploits, lors
qu'une maladie imprévue vint l'enlever aux vœux de
tout le royaume.

Il s'était rendu les derniers jours de décembre, à
Versailles, pour être à portée de faire sa cour au roi
et à la famille royale. Ce jour là même il fut attaqué
de grands maux de tête et de reins, suivis d'une fièvre
brûlante. Le roi n'eut pas plus tôt appris cette triste
nouvelle, que, saisi d'inquiétude, il envoya chercher
Fagon, son premier médecin. Au nom de Dieu, lui
dit-il, faites pour lui tout ce que vous feriez pour moi.
Mais le mal se montra plus fort que toutes les ressources de l'art : Fagon reconnut bientôt que la maladie était mortelle.

Luxembourg n'eut pas plus tôt connu la grandeur
du danger, qu'il se prépara à la mort avec la fermeté
qui lui était naturelle. La brillante fortune qu'il voyait
disparaître devant lui ne lui coûta pas un sou-
pir. Il ne s'occupa qu'à couronner, par une fin chrétienne, une vie si éclatante et si agitée. L'abbé de
Fénelon, précepteur du duc de Bourgogne, cet
homme si connu par son génie et sa piété, vola auprès
du maréchal pour lui administrer, en ces derniers
moments, les secours qu'offre la religion. L'âme du
maréchal s'éleva encore avec celle de son ami ; et, dans
les regrets que lui arrachait le souvenir d'avoir
beaucoup mieux servi le roi que Dieu, il s'écria qu'il
aurait préféré à l'éclat de tant de victoires qui lui
devenaient inutiles au tribunal du juge des rois et des
héros, le mérite d'un verre d'eau donné aux pauvres
pour l'amour de l'Etre suprême.

La veille de sa mort, qui n'était que le quatrième jour de sa maladie, il appela le duc de Montmorency, son fils aîné, et lui dicta d'un air serein ses dernières volontés. Peu après, le cardinal de Bouillon, grand aumonier de France, amena à ses pieds ses enfants, afin qu'il leur donnât sa bénédiction ; dans ce triste et dernier entretien, le maréchal leur montra toute la tendresse et la sensibilité de son âme ; il les exhorta, dans les termes les plus touchants, à demeurer toujours fidèles à Dieu et au roi, et à vivre entre eux dans l'union et la concorde convenables à des frères.

Après cet effort, il ne voulut plus s'occuper que de Dieu, entre les mains duquel il remit son âme le 4 janvier. C'est ainsi qu'après avoir vécu en héros l'espace de soixante-sept ans moins quatre jours, le maréchal de Luxembourg eut la gloire et le bonheur de mourir en chrétien.

Limoges. — Imprimerie de Barbou Frères.